Salome
七重纱舞

［王伯爵 / 著］

世纪出版集团 上海人民出版社

目录

- 004 代序：当真实融入悬疑——秦明
- 001 CHAPTER 1 我终于吻到你的唇了
- 015 CHAPTER 2 施洗者约翰的头颅
- 027 CHAPTER 3 特别的专家
- 040 CHAPTER 4 牛骨十字架
- 052 CHAPTER 5 坚贞者协会
- 066 CHAPTER 6 匿名者
- 079 CHAPTER 7 塑料袋中的腐尸
- 093 CHAPTER 8 断头耶稣
- 106 CHAPTER 9 FBI女探员
- 118 CHAPTER 10 小水手
- 131 CHAPTER 11 惊悚的"礼物"

143 **CHAPTER 12**
莎乐美需要忏悔吗

157 **CHAPTER 13**
教堂割喉

170 **CHAPTER 14**
第四名受害者

182 **CHAPTER 15**
不想怀疑的人

194 **CHAPTER 16**
沉重的过往

208 **CHAPTER 17**
抽丝剥茧

219 **CHAPTER 18**
揭开真相的面纱

230 **CHAPTER 19**
沉重的"父亲"

242 **CHAPTER 20**
"莎乐美"的谢幕

256 **CHAPTER 21**
尾声

263 后记：
每本书都是一次不可复制的旅程

当真实融入悬疑
——《七重纱舞》代序

在两名同事正在缝合尸体的时候,我坐在解剖室的更衣间里,看完了这本书的最后一章。

突然间,我幻想自己变成了书中的男主,突破重重迷雾,拨云见日,最终亲吻到了真相。就像很多悬疑迷们羡慕我可以直接参与破案一样,我也崇拜着小说中那个可以每天历经艰险曲折,为探寻真相呕心沥血的主人公。

直到停尸房铁门的碰撞声,才把我从幻想中拉回了现实。原来我不是那个英俊硬朗的刑警,而是一个普普通通的法医。

悬疑小说,总是离不开警察;而重口味的悬疑小说,离不开法医。无论说的是警察还是法医,一本优秀的悬疑小说,并不是看写得有多血腥多残忍,而是离不开环环相扣的情节,还有真实、科学的知识点。作为一名作者,我相信悬疑迷们更看重的,是"真实"和"科学"。

为了情节的需要，作家们可以随心所欲地操纵着主人公越过科学的红线，为所欲为。这并不奇怪，很多悬疑小说都是这样，以至于那些科学并不能解决的问题，在大家的心目中已经不是难题了。也正是因为这样，才会有那么多民间福尔摩斯的存在。

本着崇尚科学、求真务实的理念，我推荐过几本小说。然而为小说作序，这是第一次。为什么我会为此书作序？因为，这部小说的作者，是我在某本科学杂志上连载专栏的编辑。说到这里，大家对这本小说的真实性和科学性，已了然如胸了吧。

接到作序的邀请后，我就开始认认真真地读起了这本书。在床上、勘查车上、现场旁边还有解剖室，一有空，我就情不自禁地拿起手机，打开《七重纱舞》的文档。请注意，我说的是"情不自禁"。

看完这部小说后，作序对我来说，已经不是被动，而是冲动。

我不知道怎么用这寥寥数百字去夸赞这部小说，或者表达我的敬意。只能说：作为一个作者，我为有这样的专栏编辑而感到骄傲；作为一个刑侦实战人员，我为有这样的一部悬疑小说而感到欣慰。

我相信，《七重纱舞》会给你带来不一样的精彩。

秦明
2014年初春于合肥

秦明，主检法医师。畅销小说《尸语者》系列作者。

CHAPTER 1
我终于吻到你的唇了

这几天纽约一直在下雨，湿淋淋的一切让人觉得很厌烦。在该死的天气杜绝了进行任何户外运动的可能之后，阿莱克斯·李非常沮丧地待在家里，不知道该怎么打发自己这难得的三天假期。

其实早在一个月前，他就已经想好要趁这机会带儿子去中央公园玩滑板，然后再和他去牙买加湾野生动物保护区看看。但是这场连绵不断的大雨搅乱了他的计划，他还记得昨天晚上自己跟前妻通电话时的情形。

"不行，阿莱克斯，我很抱歉。"芬妮·波顿用生硬的口气对他说，"我不能让丹尼尔到你那里去，现在这天气不适合外出。"

"你知道我们可以换个方式玩儿，芬妮。"阿莱克斯耐心地劝说道，"你看，我可以和丹尼尔在家里下棋，我们还可以去室内游乐场——"

"你说得不错，但这只是你临时想起来的活动。丹尼尔才五岁，难道你不认为他需要一个充实的、安排周密的假期？这样毫无计划的行动是绝对不行的，这不安全。"

"听着，芬妮，我可以保证丹尼尔在我这里会很快乐。我是一个警察，我绝对保护得了自己的儿子。"

"这跟你的职业无关,阿莱克斯。换个时间吧,圣诞节过后怎么样?"

"芬妮,法庭并没有剥夺我的探视权吧?我已经有两个月没见过丹尼尔了……"

电话里的女声顿了一下,接着依旧非常平板地回答:"你会见到他的,阿莱克斯,不过不是这个时候。很抱歉,我得挂电话了……"

实际上,阿莱克斯·李非常明白前妻只是在找借口阻拦儿子和自己见面,即使在他们离婚时法庭不顾芬妮的反对,坚持让他平均半年有十五次探视儿子的机会,但这个固执的女人还是用尽一切办法把探视的次数削减到最低。

这个倒霉的父亲从床头拿起准备送给儿子的巧克力夹心糖和棒球帽,又悻悻地放下了,然后慢吞吞地从床上爬起来,走进盥洗间打理自己。从小壁橱中取出牙膏后,他对面的镜子里映出一个非常俊秀的男人——

阿莱克斯·李的外表混合了东方人和西方人的特征,柔顺的黑发因为没有发胶的固定而垂在额头上,脸部轮廓分明却不显得生硬;他的眼睛深邃迷人,是一种接近于黑色的墨蓝,这让他看上去充满了神秘的东方魅力;他的身材在白人看来算是矮的,体形也很瘦削,但并不单薄,漂亮的肌肉附着在匀称的骨架上,好像一件艺术品。

这副出色的相貌很大程度上来源于他身体里一半的中国血统。

他的父亲三十五年前从香港移民到美国,然后娶了他那位传统天主教家庭出身的母亲。在这样的环境中，阿莱克斯对性一直是保持着冷淡的态度，可惜他渐渐地发现那并不是冷淡，而是产生了"偏差"。为此他费尽心机地掩饰到大学，为了证明自己是个不折不扣的男子汉而当了警察，甚至结婚、生孩子，可惜欲望这个东西不是他能控制的。

他对妻子毫无"性致"，两人的关系在儿子出生后降到了冰点。两年前芬妮终于忍无可忍地带着三岁的丹尼尔和他离了婚；更糟糕的是，远在新泽西的父母为此不愿意原谅他，他有些绝望地认为，或许自己费力掩饰的一切都已经被父母觉察……

阿莱克斯·李刮去胡茬子，然后用凉水冲净泡沫。他的精神好了很多，似乎已经明白自己注定得在圣诞节过后才能见到儿子了。他强压下向法庭投诉芬妮的念头，然后灌了杯咖啡，揣上枪，准备去打靶场。或许是因为愧对那个曾经是他妻子的女人，他总是下意识地把对她的不满用各种方式转移掉。

阿莱克斯并不喜欢打伞，如果不是那种可以把他浇成落汤鸡的大雨，他总是穿上套头衫，慢跑到自己要去的地方。

虽然是初秋，但是气温降了不少，地面上湿漉漉的，有很多积水。当他跑过老旧的街区时，看到几个流浪汉躲在汽油桶旁边烤食物，铁丝网后面的简易篮球场上空荡荡的，以往那些爱玩的孩子都乖乖地待在家里，只有一些老妇人抱着从超级市场里买来的东西慢吞吞地走过。地下蒸汽管道冒出的白烟偶尔飘到阿莱克斯的脸上，他感觉到自己皮肤表面有一层冰冷的东西，但分辨不出是雨还是汗水。

"莫非糟糕的天气真有这么大影响？"他面色阴沉地想到，"一下雨每个人都会变成冬眠的熊？"

转过无数个街角后，他从警察局的车库来到地下打靶场，脱下湿漉漉的帽子甩了甩头。一个体重超标的男人在弹药保管室的窗口冲他挥手："嘿，阿莱克斯。"

"你好，乔治。"

"我听说你在休假。"

"哦，我正准备申请改到年底。"阿莱克斯把手肘撑在窗口，"给我二十发子弹吧。"

"你练习得太勤了，伙计。"胖得像河马一样的男人很快把子弹排出来，"现在整个警察局有谁的枪法能比你更好，为什么不让自己轻松点儿？"

黑头发的男人接过装子弹的匣子："我的自由搏击可不行，所以我必须在嫌疑犯挥拳头之前就让他们趴下。"

乔治笑了起来，突然又神秘地朝他倾过身子："我说，神枪手，我跟你赌一个火腿汉堡：你如果这个时候去销假，老鲍勃一定会高兴得请你喝上几杯。"

阿莱克斯挑高好看的眉毛，望着他。

乔治摩挲着米奇老鼠形状的马克杯，神秘兮兮地朝上面抬抬下巴："去了你就知道了，然后给我带一个特大号的午餐下来，别忘了我喜欢撒芥末的。"

阿莱克斯苦笑着摇摇头："乔治，难道你不觉得自己应该减肥了吗？"

"至少今天不行！"

黑头发的男人来到一个靶位面前，戴上隔音耳罩，不慌不忙地消耗掉了那二十发子弹，然后电子记录器上报出三个八环、七个九环和十个十环的成绩。看着那几乎被打成了一个空心的靶子，他愉快地舒了一口气，然后上楼去找他的老上司鲍勃·威尔逊。

作为一个黑人，老鲍勃的皮肤其实已经算是很白的了，有点接近于波多黎各人的样子。一身过剩的脂肪让他那五十岁的脸上也难找到什么皱纹。听说他年轻时是非常杰出的特警，不过自从分管凶杀案以后，他结实的身体就在妻子的照顾下开始发胖，直到变得像个气球。

阿莱克斯·李向那些打招呼的同事笑着点点头，然后敲开了老鲍勃的办公室。当他看见上司黄豆似的小眼睛突然睁得很大，然后咧开了肥厚的嘴唇时，他意识到自己的口袋里刚好有够买一个火腿汉堡的钱。

"阿莱克斯，真高兴见到你。"老鲍勃困难地从办公桌后面把身体移出来，呵呵大笑，"我以为你还在休假！丹尼尔好吗？"

黑头发的男人自嘲地一笑："我想换个时间接他过来。鲍勃，或许你愿意把我的假期调整到年底，我想带丹尼尔到远一点儿的地方玩。"

老督察愣了一下，随即拍拍阿莱克斯的肩："当然，这完全可以。圣诞节过后怎么样，多玩一个星期，你们可以去加利福尼亚。"

"谢谢，鲍勃，你是个好人。"

"哦，别说那么快，孩子。你还得做点事呢……"他的上司眨眨眼睛，从桌子上拿起一份文件，"这是昨天刚报上来的案子，我希望你能接手。"

阿莱克斯有些意外地问道："可是本还在医院，他断着一条腿可没办法跟我合作。"

"别担心，我给你指派了一个临时搭档。"老鲍勃走到门边做了个手势，一个中等个子的灰眼睛青年走进来，他向阿莱克斯介绍道："这是比利·怀特，刚刚毕业半年，从堪萨斯调过来的。比利，这是阿莱克斯，他可是一个经验丰富的警察，还是我们这儿难得的神枪手。我想你们一定会合作愉快，对不对，小伙子们？"

"您好，长官！"长着娃娃脸的青年热情地跟阿莱克斯握手，"很高兴认识您。"

"你好。"黑头发的男人站起来，飞快地瞪了老鲍勃一眼。

他的上司装模作样地咳嗽了两下，又把粗壮的身体移回办公桌后面："阿莱克斯，我想你或许可以先看看这些材料。晚上我请你喝一杯怎么样，就去'蓝柏树'，老地方。"

"好啊，不过我得先回去换衣服。啊，怀特警官——"阿莱克斯转向旁边的年轻人。

"比利,叫我比利吧,长官。"

"好的,比利,可以请你帮我一个忙吗?"

"非常乐意,长官。"这个青年热切地点了点头,于是阿莱克斯把文件收好,又从口袋里摸出仅有的几个硬币。

"请帮我买一个特大号的火腿汉堡送给弹药保管室的乔治。"他把硬币放在那青年手上,然后在两道愕然的目光中一本正经地补充,"记住,要撒芥末的。"

"蓝柏树"酒吧并不大,装修也一般,但老板有一手特别的调酒技巧,所以鲍勃·威尔逊很喜欢来这里。他总是爱坐在离舞台最近的座位上,眯着眼睛听那个漂亮的黑女人翻唱爵士老歌,特别是雷·查尔斯[①]的,总带着一股别样的风情。

今天老鲍勃照例点了两杯鸡尾酒,然后跟阿莱克斯一起坐在固定的位子上,不过他没心情听音乐,只是用胡萝卜一样的指头敲打着摊在桌子上的照片。

"看,阿莱克斯,"他叹了口气,"现在你知道为什么我会那么欢迎你销假了吧。"

---

① 雷·查尔斯(Ray Charles),美国灵魂音乐家、钢琴演奏家。

黑色头发的男人习惯性地挑着眉毛:"是的,谋杀,又一个变态的疯子。"

"昨天比利去了现场,他可是第一次见到那种情形,吐得一塌糊涂。"

阿莱克斯非常理解那个年轻人,因为他今天下午看到现场照片的时候也吓了一跳:死者是个年轻的白种男性,面目英俊,身材完美,如果他的头还长在原来的位置,相信会让很多女人着迷。不过遗憾的是,照片上他脑袋和身体的距离足有十英尺远,鲜血从断掉的脖子中喷出来,然后凝结成黑色。血肉模糊的头颅放在一个银色的金属盘子里,而赤裸的躯干被摆成了基督受难一样的姿势。整个房间里全是血,柜子上、窗帘上、桌子上、沙发上……到处都是,而盛头颅的盘子则放在床头,一句清晰的话被写在对面的墙上——

我终于吻到你的唇了。

阿莱克斯有些厌恶地把视线移开,他庆幸今天喝的不是红葡萄酒。

"尸体是在一个廉价旅馆的地下室里发现的。"老鲍勃拨弄着那些照片,说道,"大概死了两天,因为气温比较低,还没有发臭。如果服务员是每天按时清扫房间,或许还能发现得早点儿。"

"我想今后没人愿意再租这个地方,他们永远都不用打扫了。"阿莱克斯笑了笑,随意拿起照片,问道,"有什么发现吗?"

"CSI[①]的报告还没有全部出来，纤维分析这些都得等到后天了。不过从现场初步采集到的东西来看，好像没有第二个人存在过，指纹、脚印、毛发……什么都没有！"

"这不可能，除非凶手是幽灵。"

"那样更好，我们可以把案子转给教堂，神甫们一定会乐意驱魔的。"他的上司摸了摸光秃秃的脑袋，烦恼地说，"现在我的手上还有五桩无头案，我宁愿那该死的家伙真的是魔鬼，这样至少不在我管辖的范畴内！"

阿莱克斯同情地看着鲍勃，放低了声音安慰道："纽约犯罪率最高的1990年，一共发生2235宗杀人案子，而去年只有570起，这已经是最好的时代了。放轻松点儿，鲍勃，你和我已经为市长大人的政绩加了不少分，市民也挺满意的！毫无疑问，这次我们同样可以很快逮到那个混蛋，尽管他看起来有点狡猾。"黑头发的男人把照片都收了起来，"我明天叫上比利，先去一趟现场。"

肥胖的黑人感激地冲他点点头："谢谢，伙计，有你和他一起干我很放心。"

阿莱克斯和老鲍勃碰了杯，拿着材料准备离开，又从衣服口袋里掏出一样用缎带包好的东西递过去："送给安吉拉的。"

"哦？"老探长意外地接了过来，"是什么？"

---

① CSI，全称为Crime Scene Investigation，即犯罪现场调查科，是由对犯罪现场的指纹、毛发、血迹等客观实物，用高科技手段进行材料分析的刑侦专业人士组成。

"巧克力夹心糖。"黑头发的男人弯起嘴角,"趁她还没换乳牙,可以多吃点儿。"

"谢谢,我的小卷毛儿就喜欢这个。"老鲍勃想到自己可爱的外孙女,笑得眼睛都眯了起来。

阿莱克斯嘴巴里尝到一丝苦味儿:如果没考虑到安吉拉是个女孩儿,或许他连棒球帽都送出去了。他拍拍鲍勃的肩膀告别,然后裹紧了外套钻进黄昏的细雨中。

"没关系,"这个男人对自己说,"下次再给丹尼尔买别的,比如杏仁糖,作为圣诞节礼物那再好不过了。"

"假日"旅馆在黑人聚居区旁边,是一幢低矮的70年代建筑,红色的外墙已经开始剥落,老旧的霓虹灯在大门上方矗立着,勾画出一个蜂腰丰乳的女郎形象,这明显的色情暗示很容易让人明白此处的实际用途。旅馆周围全是高楼大厦,并且逐渐开始包围过来,据说已经有地产商看中了这里,正在谈地皮的买卖合同。

阿莱克斯·李今天换了一身黑色的长裤和夹克,这让他的脸显得略微苍白,因此当他出现在比利·怀特面前时,后者特地给他买了一杯热咖啡。

"谢谢。"黑头发的男人接过杯子,让年轻的警探带路,来到地下室。他们冲值班的警察亮了证件,然后钻进黄色的警戒线。潮湿的走廊和红色的灯光让他们感到压抑，但更难以忍受的是在跨进标着003号码的房间以后，那扑鼻而来的血腥味儿。

比利·怀特困难地憋住呼吸，然后飞快掏出手帕捂在鼻子上。"就是这里，长官。"他站在门口瓮声瓮气地说，"尸体已经清理走了，CSI的人取了些样品，其余的都没有动。"

阿莱克斯·李看了他一眼，淡淡地说："我建议你把手放下来，比利，然后清楚地告诉我受害人的情况。"

年轻警探的脸色微微发红，他困难地揣好手帕，掏出了一个笔记本。

"抱歉，长官……呃，死者叫作爱德华·班特，27岁，是一个中学教师，住在皇后区。旅馆的前台说他是一个人到这里来的……"

房间里的光线本来很黯淡，警方在入口安装了三个灯管，以方便搜集证物。阿莱克斯在比利·怀特的叙述中缓缓地打量着凶案现场：

这个房间大约四百多平方英尺，有窄小的浴室，房间里简单地摆放着一些家具，然后就是一张大床。腥臭的味道弥漫在空气中，到处都能看到黑红色的血块，在靠近沙发的地面上画着一个"T"形的图案，很明显那就是无头的尸体躺的地方。死者的血好像颜料一样涂满了地面和家具，张牙舞爪的，让人胆战心惊。

"……爱德华·班特先生没有任何犯罪记录，品行良好，清白得仿佛连张罚单都没收到过。他的存款也不多，没参加过什么巨额的意外伤害保险。哦，他还有一个未婚妻，是位护士，他们准备年底结婚。长官，这可怜的男人是个虔诚的天主教徒，几乎没有任何不良嗜好……"

阿莱克斯·李微微皱了皱眉，躬下身子仔细观察着那些血迹，他从尸体的位置开始渐渐朝床的方向移动步子，然后在曾经摆放头颅的地方停下来。他的眼睛一直没有离开那些凌乱的黑红色斑块儿，最后才抬起头来，转身望着对面墙上用血写的句子。

"谢谢，比利。"黑发的男人对结束了报告的年轻警探说，然后偏了偏脑袋，"来，我想听听你的看法。你昨天到现场的时候有什么感觉？"

灰眼睛的年轻人小心翼翼地走进房间，还带着掩饰不了的畏惧和厌恶。"很惭愧，长官。"他说，"我……我昨天吐了。您知道，我以前可没见到这么疯狂的凶手，我当时只觉得这几乎不是人干的……呃，死者的钱包和手表都没丢，看起来不像是谋财害命，更像是仇杀……"

"你对这些奇怪的血迹怎么看？"

"我很难想象，长官。"比利·怀特摇摇头，"这仿佛是故意弄上去的，我不知道凶手为什么这样做，而且还没有留下任何指纹和毛发！他一定非常细心，但往往细心的凶手又不可能把现场弄得这么——怎么说呢——这么疯狂……这太矛盾了！"

"你想得很好，比利。"阿莱克斯向这个临时搭档露出赞许的微笑。

他从口袋里摸出一张拍下了头颅的照片：爱德华·班特英俊的面孔没有一点扭曲，端放在金属盘子里。"不过我或许有些更离奇的想法。"他对搭档说，"你看，受害者的脸上很干净，只有耳朵周围和头发里沾着血，而这地上和家具上的血很明显是被不成章法的动作弄的，有拖拽的痕迹，有挤压的痕迹，有滚动的痕迹……什么都有，这让我不由自主地去想象凶手一个人在这里的情况：'他'——或者是'她'——捧着受害者的脑袋，然后非常享受地在血泊中打滚、跳舞或者干别的……"

年轻警探的脸色发青，一副又要吐出来的样子。

阿莱克斯把照片放回去，耸了耸肩："哦，轻松点儿，我只是这样猜想罢了。能特地在现场留下这样的话，我不得不认为凶手确实在玩味整个过程。"

"'我终于吻到你的唇了。'"比利·怀特轻轻地念着笔迹狰狞的句子，多余的血流下墙壁的痕迹是那么显眼，"这该死的是什么意思？那混蛋想说什么？难道是为自己庆祝？"

阿莱克斯摇了摇头，他墨蓝色的眼睛里充满了迷惑，但是也有解脱——谢天谢地，他终于可以让自己忙碌起来，而不再去想别的一切。

CHAPTER 2 施洗者约翰的头颅

当阿莱克斯·李和临时搭档比利·怀特一起踏出"假日"旅馆的大门时，才刚刚上午十点。他觉得没吃早饭的胃部因为那杯咖啡而有些绞痛，不得不随便买了点热狗填饱肚子。本来他想要两份，可惜灰眼睛的同伴脸色糟糕，一副看见食物就想吐的表情，于是阿莱克斯很遗憾地告诉他下一个该去的地方是鉴证科的解剖室。

　　可怜的比利·怀特得花点时间来习惯这样的警探生活，他需要见识更多的血，阿莱克斯一边开着他那辆上世纪九十年代的老爷福特车一边想，或许让他多跟老验尸官马尔科姆·米勒接触接触是正确的。

　　CSI的工作地点其实很干净，很整洁，但是一进入解剖室就会令人难受。低温、寂静和消毒药水味儿，再加上死亡的气息，这些足以使外人毛骨悚然。白色的灯光照着清冷的走廊，一道道紧闭的金属门好像藏着秘密的魔匣，比利·怀特老觉得说不准什么时候就会从那后面跳出来一个还魂尸。阿莱克斯尽量放轻脚步，最后在一扇门前停了下来，他从旁边的自助橱窗里拿出一个口罩递给灰眼睛的青年："喏，戴上吧，等会儿会好受点。"

"呃……谢谢,长官。"比利·怀特犹豫了一下,还是接了过来。

阿莱克斯向他微微一笑,推开门径直走进去。

房间很宽敞,但是周围却黑乎乎的看不清楚,主要的灯光都聚集在了中间三个并排放置的解剖台上,其中一个覆盖着隆起的白布,很明显那下面是一具尸体。浓浓的防腐剂味道混合着别的东西弥漫在空气中,强烈地刺激着新警探的胃部。

"哈,你们来了,小伙子们!"一个洪亮的声音突然从屋角传过来,把比利·怀特吓了一跳。他惊恐地抬起头,看到一个穿着浅蓝色手术服的瘦小身影从背向他们的电脑旁边站了起来。

"你好,马尔科姆。"阿莱克斯笑着跟那个头发花白的老人打招呼,"我想你已经完成尸检了。"

"是的。"老人笑眯眯地说,"你们来得真及时,几分钟前卡尔刚好给这孩子缝合了最后一针,我正在写报告。"

黑头发的男人把一脸慈祥的老人介绍给自己的新搭档:"比利,这是马尔科姆·米勒医生,我们最棒的验尸官。"

老人朝年轻警探友好地眨了眨眼睛:"三十五年都做同一个工作的人总是容易被大家这样称赞,不过千万别太当真!"

"您好,医生,我叫比利·怀特。"

老人听到这个青年在口罩里发出含含糊糊的说话声,耸了耸肩:"你会习惯这里的味道的，小伙子，只要多来几次就好了。"他勾勾手指头，"来吧，来看看那个孩子，我把他拼回了原状。"

马尔科姆·米勒医生揭开了解剖台上的白布，阿莱克斯走过去，看到爱德华·班特平静地躺在上面。他的头被接在了原来的位置，血迹也清理干净了，青白色的胸膛上那条长长的手术刀口被黑线整齐地缝合起来。

验尸官告诉他们，死亡时间大约四十六小时，死因是颈部被利器割断，初步判断凶器是一把剃刀，大约接近一英尺长。

"报告上说现场没有找到凶器，也许是凶手把它带走了。"阿莱克斯问道，"有其他的伤口可以进一步确认吗？"

"没有。"米勒医生叹了口气，摇摇头，"除颈部的创面之外没有明显的外伤。不过我在他的胃里发现了残留的红葡萄酒和安眠药，而从现场那么大的出血量和喷涌的形状来看，这个孩子的头被砍下来的时候，他的心脏应该还在跳动。"

阿莱克斯的眉毛皱了一下："你的意思是，爱德华·班特是活生生地被人……嗯，被人砍掉了脑袋？"

"应该是这样，不过他当时肯定是没有办法反抗的！"老验尸官摸着下巴解释道，"我们检验他胃里的安眠药成分是艾司唑仑，这是一种常见的处方药，全纽约的失眠病人都在吃，基本上不可能调查出具体的使用者。"

"它的效用很明显吗？"

"至少这个案子里的药量足以让受害者吃不消。乙醇会提高细胞膜的通透性，使艾司唑仑的吸收量大大增加；酒本身在量大时对神经系统的作用，也是由兴奋性转化为抑制性，这样的协同效应使大脑皮层细胞受到强烈的抑制，所以这孩子当时肯定已经陷入深度昏迷了。"

比利·怀特呻吟了一声："上帝啊，即便如此，也实在是……太残忍了！"

"没错！"马尔科姆·米勒像祖父一样伤感地摸了摸尸体的头发，"常常会有这么冷血的凶手，他们好像乐于把同类当成没有生命的肉块儿，他们总是忘记了所有生物都跟自己一样是有痛觉和感情的……愿上帝惩罚他们。"

阿莱克斯没说话，只是静静地凝视着死者的面容：爱德华·班特端正的五官如同雕塑一样俊美，但丧失了生命的皮肤苍白而松弛，冷冰冰的。阿莱克斯每次看到死人都有一些小小的不舒服，这跟比利·怀特的生理反应完全不同。有着混血容貌的男人总是会控制不住地去想这个人活着的时候是什么样子，他（她）的生活、他（她）的亲人、他（她）的理想……可那些曾经存在的一切，都随着死亡而终结。鲍勃曾经说过这样的想法会让一个刑事警探感到疲惫，但是阿莱克斯却无法控制。他只能尽量不把那些伤感的东西说出口，以免有人会开玩笑地说他像个女人。

马尔科姆·米勒把尸体重新盖好，慢吞吞地来到他的办公桌前。"请坐吧，小伙子们。"他又打开几盏灯，"我可能明天就能把完整的报告弄出来，在这之前我不介意先回答一些你们迫切想知道的问题。"

"非常感谢。"阿莱克斯·李对老验尸官说，然后看了看沉寂的尸体，

"我们昨天得到的初步调查结果是,在现场没有找到凶手的任何蛛丝马迹。"

"哦,是这样。"老验尸官点点头,"所有可以提取DNA的东西都是属于爱德华·班特的,佩蒂他们正在检测死者指甲里的纤维,希望能有点儿突破。也许今天之内他们还要再去现场一趟。"

"请告诉我,马尔科姆,什么样的人能在如此混乱的现场不留下一根头发、一个脚印或一枚指纹呢?"

老验尸官交叉着双手想了想:"要么是这个凶手没有头发和指纹,要么就是他细心得可怕,不过……我个人倾向于后者。"

阿莱克斯·李发现马尔科姆·米勒医生说这话的时候,眼睛里充满了复杂的神色——当然,他完全明白他的意思:

一个残忍的凶手最可怕之处在于,他并没有疯。

阿莱克斯和比利·怀特必须从目前掌握的线索入手开始调查,他们抓紧时间阅读每一份口供,然后准备走访相关的知情者。遗憾的是,到此为止几乎没有一个跟此案有关的目击证人。

灰眼睛的青年警探翻看着自己的小笔记本,说道:"旅馆的前台接待员查了那个房间的记录,这几天之内只有一个叫做本杰明·唐纳的人预定过,就是在三天前定下的。我想这人用的不是真名,因为'假日'旅馆常常会有妓女带着嫖客去消磨几个小时,所以根本不要求来宾出示证件。"

"名字听上去是个男人,他长什么样儿?"

"那位夫人说已经记不清楚了。"比利·怀特无奈地叹了口气,"她每天都接待上百个进进出出的男人,根本没有习惯去记住他们的长相。"

"如果她没印象,那么说明这个男人长得或许很一般,丝毫没有特别的地方。"

比利·怀特愣了一下,点点头:"啊,是的,长官,应该是这样。"

"爱德华·班特到达的时间呢?"

"大概是前天下午六点左右。因为是个英俊的年轻人,所以她多看了他两眼。不过从那以后直到她换班,都没见到班特先生出来。"

"也就是说,根本没有人注意过凶手!他提前定了房间,拿到了钥匙,任何时间都能去,然后约了爱德华见面,杀掉他,再装成最普通的嫖客离开,把残杀的现场留给我们。"

"我想是的,长官。"

"好极了!在破案最关键的四十八小时内,我们唯一知道的就是凶手的性别。"

比利·怀特低下头,强忍着恶心再次翻看着那些现场照片:"我觉得很奇怪,长官。"

"嗯?"

"如果只看凶手留下的句子,我会以为这是一场因爱生恨的谋杀。"灰眼睛的探员用揣测的口气说道,"不过爱德华·班特已经有未婚妻了,他应该不是一个同性恋。"

最后这个词让阿莱克斯握着方向盘的双手突然紧了一下，他含含糊糊地点了点头，没有回话。

"……啊，不过这很难说。"比利·怀特对此毫无觉察，"凶手能让被害人自动来这里见他，他们至少是认识的……而且，即便是同性恋也有可能用婚姻来掩饰自己的性向，现在很多人都这么干。"

"是的！"阿莱克斯的嘴角挂上了一丝苦笑，"爱德华·班特是个教师，他有一份体面而受人尊敬的工作，并且是个天主教徒，即使他真的……真的是个同性恋，或许也会选择掩饰的。"

"噢，那最可怜的该是他的妻子。"

"没错！"混血警探点点头，"所以做出这种事情的男人都是混蛋。"

比利·怀特似乎从阿莱克斯的语气上觉察到他的心情有些烦躁，他把这归咎于棘手的案子，然后乖乖地继续观察那一叠照片。

阿莱克斯·李的胸口有些堵，他深深地吸了口气，觉得自己的表现实在是有些愚蠢，一种始终包围着他的沮丧变得更加强烈了。他腾出手来点燃了一支香烟，然后又递给旁边的搭档一支——善意的弥补似乎暂时缓和了车厢中尴尬的气氛。

阿莱克斯强迫自己忘记不快的感觉，重新把精力集中到眼前的案子上来。他瞟了一眼比利·怀特正在看的照片，脑子里回想着那一幅幅现场画面。

从一开始他就有些朦胧的念头，但是还很模糊。这犯罪现场总让他觉得熟悉，尤其是那金属圆盘中的头颅和摆出基督受难姿势的尸体，还有那句血淋淋的话，这个时候似乎越想就越发地清晰起来了。他用夹着香烟的左手撑住额头，忽然冒出一个念头：

"莎乐美……"

比利·怀特抬起头，意外地看着他："您说什么，长官？"

阿莱克斯墨蓝色的眼睛里多了一些奇异的光彩，紧皱的眉头也舒展开了。"莎乐美，比利，莎乐美，"他向搭档问道，"你知道这个吧？"

"哦，知道一些……"新探员点点头，"害死施洗者约翰的公主，很漂亮的姑娘，也是可怕的女杀手——"

"就是她！她想吻施洗者的唇，却被拒绝了，然后她要求她的父亲砍下了那位圣徒的头。"阿莱克斯飞快地说，"《圣经》里有这个故事，不过公主的名字根本没出现，后来有很多关于她的作品，我上中学的时候读到过。比利，你不觉得现场的布置和那故事的内容有些相像吗？"

比利·怀特愣了一下，也立刻兴奋起来："是的，长官，看来的确是如此：尸体的姿势有殉教者的意思，再加上死者被割下的头和墙上的留言……这案子肯定和莎乐美的故事有关。"

阿莱克斯终于露出淡淡的笑容："我们在下一个路口转弯。"

"哦？"

"去图书馆，我们得好好读读那个故事。"

纽约市立图书馆位于第五大道和42街的交叉口，公共图书的藏书量非常丰富，仅次于国会图书馆。阿莱克斯·李记得自己从学校毕业以后就已经很久都没有跟这么多书打交道了，他和比利·怀特花了三个小时挑选相关书籍，在走出那座气势恢弘的古典式建筑以后，感到自己发酸的双手几乎快要抱不住沉甸甸的图书了。

"我们得分头干，比利，这样可以尽快地把这些书看完。"阿莱克斯对他的搭档说，"别像读小说一样地看它们，只要浏览就够了。把我们需要的线索找出来，越快越好。"

"我明白，长官。"青年精神饱满地回答道，"放心吧，明天早上我就可以把有关系的内容都摘录下来给您。"

"非常好。"阿莱克斯点点头，"那么，需要我送你回家吗？"

"哦，不，我习惯在咖啡馆里读书。您不一起来吗？"

"谢谢，我习惯去中国餐馆。"

年轻警探的脸上露出了古怪的神情，黑发的男人没有解释，只是冲他笑了笑，钻进了自己的车里。

阿莱克斯·李原本在贝里奇附近买了房子，但离婚以后就从家里搬出来，在布鲁克林第八大道附近的一幢公寓里租了个顶层的位置。这个房间很宽敞，采光也很好，房租比别的地方便宜不少，更重要的是，此处离唐人街不过几分钟的路程，阿莱克斯回来的时候可以顺便到那家叫"福寿楼"的粤菜馆吃点儿广东粥。那是他从小就很喜欢的中式食物，父亲常做这个当早餐，虽然餐馆里的味道总是很难跟他记忆中的相比，不过阿莱克斯·李还是经常光顾。在工作最忙的时候，他就特别喜欢到这里来吃饭，尽可能地在自己熟悉的味道中思考。

"福寿楼"姓王的老板早已经认识他了，每次看到他来都会把他领到最僻静的角落里，再送上一份广东粥。今天也不例外，阿莱克斯笑着朝他扬了扬手里的书，这个矮小的中年男子便会意地带他到楼上，找了个光线明亮却没什么人的位置。

莎乐美的故事记载于《新约·马可福音》：希律王娶了自己兄弟的妻子希罗底，施洗者约翰指责这乱伦的行为，于是被抓了起来。希律要求希罗底的女儿为他跳舞，为此甚至愿意付出半个王国的代价，但是那美丽无比的女孩儿却提出了一个骇人的要求：她要约翰的头！于是她为希律王跳了迷人的"七重纱舞"，如愿以偿地得到了圣徒的脑袋！

阿莱克斯以前在作为虔诚天主教徒的母亲的教导下接触过这个故事，在上学后也知道了奥斯卡·王尔德[1]根据这个故事写过剧本《莎乐美》，但是他从来没想到自己会为一个凶杀案而重新阅读那些东西。

他脑子里一会儿是被害者放在盘子里的红色头颅，一会儿是比亚兹莱[2]的黑白插图，甚至还有母亲在教堂里念《圣经》的样子——而那个时候的父亲，总是沉默地坐在母亲身边，安静而平和地摸着自己的头。

---

[1] 奥斯卡·王尔德（Oscar Wilde），19世纪爱尔兰最伟大的作家与艺术家之一。
[2] 比亚兹莱（Aubrey Beardsley），19世纪末最伟大的英国插画艺术家之一。曾为王尔德的剧本《莎乐美》创作插画。

黑发的男人呻吟了一声，用手中的书使劲敲了敲脑袋——他不该在这个时候怀旧。

　　天色一点点地暗下来，越来越多的人开始来这里用餐，阿莱克斯的小笔记本也密密麻麻地写满了字，最后他拿着其中的一本书笑了起来：

　　"……莎乐美无法拥有心仪的男子，便千方百计去获得爱人的头颅，这是欧洲文学中一种很特别的'断头情节'……头是生命的位置，是普塞克（希腊人所说的象征灵魂的东西）居所，精液和普塞克并存于头部。因此希腊人相信智慧女神雅典娜能够出生于天父宙斯的头颅中，这也正是关于男性头颅繁殖再生能力的鲜明例证……

　　"基督教的宗教文化认为，洗礼有着死亡和复活的双重意味……天主教礼拜仪式中，圣水盆被称为'子宫堂'，因此，施洗者约翰的行为是帮助人们埋葬世俗生命，诞生永恒生命……而莎乐美却用计依靠希律王（父权）除掉了有着回归母体情结的约翰……女性的断头情结本意要反抗男性，但实际结果却毁灭了跟自己目的相近、要求回归母体的男性，因此，《莎乐美》的悲剧色彩因悖论的渲染而更加浓重。"

　　"'断头情结'？真是有意思……"阿莱克斯想了想，又翻到这本书的封面，寻找作者的名字，"哦，莫里斯·诺曼博士，就职于纽约大学文理学院……"

　　他仔细地把作者的简单资料记录在笔记本上，然后给比利·怀特打了个电话，告诉年轻的探员明天一早把资料放在办公桌上，再去鉴证科一趟。而他自己得先去拜访一个非常重要的人，那个人可能会给他们新的启示。

CHAPTER 3
特别的专家

阿莱克斯·李很清楚地记得丹尼尔出生时的情形。

那天他陪伴在芬妮的身边，看见她在手术台上痛苦地大叫，满头都是汗，美丽的金发也凌乱地纠缠在一起，还用指甲使劲掐着他的手掌，力气大得可怕。阿莱克斯从那一刻起更深切地体会到了一个母亲是多么伟大。

当婴儿的啼哭终于响起来的时候，夫妇俩靠在一起感谢上帝。一个健康的男孩儿就这样被光溜溜地送到了他们怀里，阿莱克斯看着儿子还没睁开眼睛的、皱巴巴的小脸，突然有种想哭的冲动。他对自己说，一切都过去了，他不能再暗地里看那些男模特的裸体，不能再去酒吧跟陌生人调情，不能再和以前认识的"朋友"联系……他有一个儿子，他不能让这小家伙将来因为自己父亲是个变态而感到羞耻。

阿莱克斯·李 27 岁时曾经下过这样的决心，虽然三年后他还是失去了家庭，但他的确真地想过要当一个正常的男人。

黑发的警探甩甩头，摆脱那些不时就会跳出来的回忆，然后熄灭手上的香烟，放轻步子走进了一幢五层楼高的建筑，这里是纽约大学在华盛顿广场附近的校区，年轻的大学生们偶尔会抱着书上上下下，雨后的阳光从窗户里照进来，让一切都显得生机勃勃。

阿莱克斯看到这些孩子就会想起丹尼尔，因为他从前就计划过，要在儿子上小学的时候教他打棒球，在他上中学的时候教他钓鱼，在他上大学以后教他开车，然后帮助他追到一打女孩子。不过现在这一切都将变得非常困难，有时候阿莱克斯觉得只能在想象中完成——芬妮肯让他多见见儿子他已经非常感激了。

这个男人告诉自己不能再把身旁经过的大学生想象成二十年后的丹尼尔，然后才打起精神来到四楼的一个小型阅览室。他要找的人每天这个时候都会来坐一会儿，这是昨天跟文理学院教务人员打听到的，他想那位女士也许已经向诺曼博士转达了他的拜访意图。

阅览室里空荡荡的，因为时间太早几乎没有什么学生，只有一个靠窗的座位上有人。阿莱克斯走过去，轻轻地咳嗽了一声。那个正在读书的男人抬起头，似乎有些惊讶地看着他。

"很抱歉，打搅您了。"阿莱克斯微笑道，"请问，莫里斯·诺曼博士在哪里？"

"我就是。"这个男人摘下了眼镜站起身，"您好，我能为您做什么？"

阿莱克斯睁大了眼睛，非常意外地发现这位博士完全超乎他的想象：他只有三十四五岁的样子，大约六英尺多高，留着一头略长的浅棕色头发，英俊的面孔简直像个好莱坞明星；他的身材很结实，挽起来的衬衫袖口下露出了健美的手臂肌肉；不过最吸引人注意的还是他那双绿色的眼睛，就如同阳光下的树叶一样，漂亮又充满了活力。

黑头发的男人深深地吸了一口气，亮了一下证件："早上好，诺曼博士，我是纽约警察局凶杀组的阿莱克斯·李。我有些事情需要您的帮助。"

"啊，是的，布鲁斯小姐说过您会来找我。"莫里斯·诺曼客气地和他握手，请他坐下，然后表示自己很愿意效劳。

这很好！阿莱克斯想到昨天晚上告诉老鲍勃，自己希望寻找一个文学方面的内行来帮忙，今天一早黑人上司就把档案调查的结果通知了他：莫里斯·诺曼的资料可靠，能成为协助专家。事实上看起来这位博士也不错，是个热心大方的人。

"非常感谢，我不会占用您很长时间的。"阿莱克斯简洁地说，"几天前，发生了一桩谋杀案，凶手非常残忍，而且很狡猾，并没给我们留下太多的线索，这给警方的调查造成了麻烦，不过我倒是发现了一些很特别的东西，我想您一定也很熟悉。"

黑发的男人把几张现场照片放在了桌子上，包括墙上的血字和银盘中的头颅，还有被刻意摆弄过的尸体。

莫里斯·诺曼拿起那些照片，阿莱克斯注意到他的眉毛不易察觉地皱了一下，然后把照片放下。"是关于'莎乐美'，对吗？"他用温和的声音问道。

"是的。我怀疑这个凶手有意模仿了莎乐美的故事。我在翻阅资料的时候看到了您写的书，呃，名字是……"阿莱克斯尴尬地掏出笔记本，

"请原谅……我从来都不是个对文学敏感的人。"

莫里斯·诺曼用手支着头，似乎对黑发男人的举动并不介意，还微笑着提醒道："我想您说的是《割断头颅与占有爱情》。"

"啊，是的，就是这个。"阿莱克斯微微有些脸红，"我读了一部分，觉得很有意思。您的观点非常……哦，非常独特。"

莫里斯·诺曼终于笑了起来："请不必这么客气，那是我几年前的著作，还很不成熟，但愿对您有所启发。"

"当然，绝对是有帮助的。"阿莱克斯想了想，"按照您对莎乐美的研究，可以根据这些照片得出什么结论呢？"

莫里斯·诺曼又看了看，然后拿起其中的一张："我可以告诉您，警官，凶手留下的这句话出自王尔德的剧本。他1893年曾经用法文写过独幕剧《莎乐美》，在结尾的时候，那位公主抓住施洗者约翰的头，念了一大段独白，'我吻到你的唇了'是最突出的一句台词。"他又拿起尸体和头颅照片，"凶手很熟悉剧本中的细节，他肯定非常喜欢这出戏。"

"那么，喜欢这部戏的人是不是多少都会有您提到的'断头情结'？"

"我可不敢保证。"莫里斯·诺曼摇摇头，"毕竟这起谋杀案是很个别的例子，我不是犯罪心理学家，不能揣测嫌疑犯的想法。"

阿莱克斯犹豫了一下，又问道："那么，您觉得一个男人如果用这样的方式杀人，会不会是出于跟女性相似的占有心理呢？就像您书里说的那样，因为没办法得到爱人而千方百计地去拥有他的头。"

莫里斯·诺曼稍稍动了一下身子，他英俊的面孔上露出意外的神情："男人？您的意思是，凶手是个男人？"

"目前的线索告诉我们是这样，不过谁知道呢？"警官耸耸肩，"也有可能是一个强壮的女人假扮成男人的模样干的。诺曼博士，希望这些话您可以保密，毕竟现在只有个别媒体报道了这案子，他们知道的东西很少，而关于凶手的任何消息都是不能外传的。因为我需要您的帮助，所以得告诉您这些。"

"好的，警官，我明白。"绿眼睛的男人点点头，又进一步问道，"我想您刚才的意思，是想确认这个凶手是不是同性恋？"

阿莱克斯有些不爽快地给予了肯定的答复，莫里斯·诺曼仿佛没有觉察他的回避，反而点了点头："被害者是男性，如果凶手也是个男人，我想可能性就很大，这一点比'断头情结'更容易判断。"

"为什么？"

"因为我也是个同性恋。"

黑发的男人一下子愣住了，脸上毫无掩饰地露出错愕的表情。他万万没想到，莫里斯·诺曼如此大方地向他表明自己的性向，平常得好像在说家里的电话号码。

阳光从窗户外面射进来照在他们身上，室内突然有一瞬间的沉寂。莫里斯·诺曼始终带着浅浅的笑容，注视着对面的阿莱克斯，显得坦荡而宽容。警探却不敢正视他的绿眼睛，只好不太自然地咳嗽了两声。他刚想说点什么来掩饰，突然响起的手机铃声打破了两个人之间微妙的尴尬。

"抱歉。"阿莱克斯像抓到救生圈一般地掏出电话扬了一下。莫里斯·诺曼做出一个"请便"的手势，于是警探走到较远的角落里按了通话键。

阿莱克斯的面孔在下一刻变得严肃起来了，墨蓝色的眼睛里也浮现出凌厉的光芒，然后低声给那头的人说了几句便迅速收线。

"对不起，诺曼博士。"黑发警探快步走回来，一边收拾桌子上的照片和笔记本，一边对浅棕色头发的男人说，"今天我们先谈到这里吧，或许我以后还会来请教您的，不过现在我必须得离开了。"

莫里斯·诺曼担心地问道："出了什么事吗，警官？当然，如果可以告诉我的话……"

阿莱克斯想了想："好吧，博士。我的搭档说又发生了一起断头谋杀案，跟我刚才给您看的非常相似，我得立刻去现场。再见，博士，呃……很高兴认识您，谢谢您的帮助。"

阿莱克斯匆匆地道了别，正转身离开，却被叫住了。

"啊，请等等，警官！"莫里斯·诺曼要求道，"我可以跟您一起去吗？"

阿莱克斯诧异地看着这个高大的男人，似乎不明白他的意思。

"我想和您一起去现场。"莫里斯·诺曼依旧微笑着说道，"我想我去实地看看或许能给您提供更多的帮助，这比接触照片更加直观，没准儿还能发现警方忽略的细节呢。"

阿莱克斯只思考了几秒钟就同意了："好的，诺曼博士，只要您不晕血就行。"

案发地点在曼哈顿的西村第八街，离他们所在的位置只有三条街区，于是阿莱克斯·李开着自己的车，很快就和莫里斯·诺曼来到了现场。

这是一幢普通的12层楼房，四层以下是年轻人感兴趣的刺青店和漫画书店，上面则是出租公寓。受害人居住在十楼第六室，所以整层楼都被警方用黄色的警戒线封锁了起来，一些住户在外围惊恐万状地议论纷纷，还有个别得到消息的记者拿着相机想溜进来，倒霉的巡警得分出人手拦住他们，还有些则在记录相关证人的名字和地址。

比利·怀特从一个中年妇女身边朝阿莱克斯走过来，他的脸上泛红，似乎也是匆匆赶来便投入了工作。

"现场怎么样？"阿莱克斯一边从搭档手上接过橡胶手套戴上，一边问道。

灰眼睛的青年看着进进出出的法医，回答说："鉴证人员正在验尸，可能还得等一会儿，不过被害者的基本情况已经清楚了。"

"说说看。"

比利·怀特看了一眼阿莱克斯背后的高大男人，没开口。

"啊，这是莫里斯·诺曼博士，"阿莱克斯简单地给两人互相介绍，"他对《莎乐美》的相关背景很有研究。比利·怀特，我的搭档。"

"您好，博士，很感谢您提供协助。"

莫里斯·诺曼笑了笑："不用客气，市民分内的责任而已。"

年轻警探跟浅棕色头发的男人握了握手，然后才向阿莱克斯汇报道："长官，受害者名叫克里斯·里切路卡雷，男性，28岁，是个药剂师，今天中午被发现死在了自己的家里。报案的是一个叫做露易丝·卡彭特的太太，他的邻居，就住在1002室。她本来要把借用的咖啡壶还给克里斯，但是走到门口的时候发现有血从门缝里流出来，于是就打了911。"

阿莱克斯走到受害者的房间门口，扑鼻而来的血腥味儿让他不由得皱起了眉头，室内的景象更加触目惊心：在不到150平方英尺的客厅里，红色的血流淌在地板上，似乎被刻意地涂抹开来，像一块巨大的、恐怖的地毯；受害人那没脑袋的尸体躺在中间，浑身赤裸，张开的双手和并拢的双脚形成了一个字母"T"；而他的头，这次被绳子捆着吊在天花板中央那大灯的支架中间，血从创面滴落，正好掉进下方的一个金属盘子里，巴掌大的盘子中已经装满鲜血，甚至都溢出来了；在头颅面对的墙壁上，又有一句血写的话："我终于吻到你的唇了"。

阿莱克斯倒抽了一口凉气，但他并不急着进去，因为一个法医正在初步检查尸体的情况，另一个从现场的四个角落拍照，他不断地变换距离，没有放过任何的细节。

阿莱克斯看了看背后的人，比利·怀特的表现似乎比昨天要好些，虽然还有带着恐惧的眼神，但是没捂住鼻子，而莫里斯·诺曼却更像个专业的侦探——他连眉头都没皱一下。

阿莱克斯对他的大胆倒有些惊讶，不过并没为此提出表扬。"抱歉，

"诺曼博士，"阿莱克斯对绿眼睛的男人说道，"在鉴证人员提取完指纹之前，我们还不能进去。"

"好的，警官。"莫里斯·诺曼甚至还向他笑了笑。

过了一会儿，又有些人从外边进来开始收殓尸体，他们把躯干放进黑色的塑胶袋，然后解下吊灯上的头颅。在尸体运出来的时候，阿莱克斯叫住他们，走到死者身旁，他的目光缓缓滑过克里斯·里切路卡雷那年轻健美的身体，然后又看了看他的头颅。

这个青年的脸上依旧没有明显的痛苦，却呈现出一种迷醉的神情，他的眼睛微微睁开，嘴也没合拢，阿莱克斯甚至还能看见他蓝色的眸子和洁白整齐的牙齿。一根尼龙绳系在他的脖子上，打了个死结。颈部伤口上的皮肉和骨渣翻了起来，有些地方已经凝结成黑色，但更多的还是红色——看来这具尸体比上一具要"新鲜"一些。

拍照完毕后，法医们从门窗和其他平滑坚实的地方提取了指纹和脚印，把一些可疑的东西放进了塑胶袋。等其中一个人示意阿莱克斯他们可以进来时，时间大约已经过了一个多小时。

阿莱克斯说了声"谢谢"，然后和身边的人一起戴上手套、鞋套走进这间屋子。虽然被血和尸体弄得很可怕，可仍然看得出它原本是个温馨整洁的地方：家具都摆放得很规矩，桌布和窗帘干干净净，一个花瓶里插着漂亮的康乃馨……阿莱克斯随手拿起电话旁的一个相框，照片中是克里斯和一个漂亮女孩儿的亲密合照。

他有些伤感地把相框放了回去，转头看见莫里斯·诺曼正专心地注视着墙上的那行字迹。"很相似的杀人手段，"阿莱克斯来到他身边，"您有什么看法，博士？"

"至少可以肯定凶手是同一个人，警官。留下相同的话并不奇怪，重要的是连笔迹都一样。"

阿莱克斯掏出上一个案子的照片，比对了一下，点点头："您的观察果然很细致。"

莫里斯·诺曼谦虚地笑了，稍稍侧过身，让收拾物证袋的法医继续工作。"看起来这次的收获也不大。"有着墨蓝色眼睛的警探看着那些正在被收走的塑料口袋，不怎么乐观地说道，"获取的线索和证物太少了，跟上个案子一样。"

"不过至少这次发现了凶器。"比利·怀特插嘴道，"长官，瞧那边。"

阿莱克斯也看到了，在墙边有一个装在物证袋里的大家伙还没来得及收走，那是一把消防斧头，上边全是血。

"我猜这应该是大楼里的东西。"阿莱克斯说，"它随处可见，但是要带在身边就太不正常了，聪明的凶手应该就地选一个，用过以后就丢掉，这样他来去都可以空着手，不会引人注目。比利——"

"长官。"

"去仔细查查这幢楼里的消防工具箱。"

"是的，长官。"

灰眼睛的年轻人走出了腥臭的房间，阿莱克斯蹲下来，看看那个装满鲜血的盘子，对莫里斯·诺曼说道："我觉得很奇怪，博士。"

"请说说看，警官。"

"上一起案子中，凶手把被害者的头放在了盘子里，我们调查发现那个盘子是旅馆里的东西；这次凶手大概也是在受害人家里寻找放头颅的东西，不过很明显不合适。"阿莱克斯伸手比划了一下，"这个金属盘子太小了。不过，为什么他一定要这样做呢？"

"非要找金属圆盘来盛头颅？"

"对。"

高大的男人在阿莱克斯身边蹲了下来，说："因为在莎乐美的传说中，施洗者约翰的头是被放在一个银盘里献给她的。银盘所象征的是施洗者约翰圣洁的品格和坚守。"

阿莱克斯嘲弄地笑了笑："原来没有银制的用不锈钢的也可以。不过——"他指了指吊灯，"那为何又要特地把死者的头悬挂起来呢？"

莫里斯·诺曼思考了一会儿："我不敢肯定，警官，不过我想您看看居斯塔夫·莫罗①的作品就能够明白了。"

"请原谅，博士，我实在不知道您说的是谁。"

莫里斯·诺曼笑了起来，不过那并不是讥讽的笑，但是黑发的警探并

---

① 居斯塔夫·莫罗（Gustave Moreau），18世纪法国象征主义画家。

不希望他这样看着自己,那会让他产生一种想要躲避的念头。

或许是发现了阿莱克斯眼中的不快,莫里斯·诺曼连忙解释道:"请原谅,警官,我并不想嘲笑您,我的意思是您可以从油画上找到相似的地方。不过我现在不能细说了,我还有一堂课,得马上赶回去。"

"啊,没有关系。"阿莱克斯客气地跟他握了握手,"很感谢您的帮助,诺曼博士。"

"叫我莫里斯吧,警官。"

阿莱克斯愣了一下,还是点点头。

绿眼睛的男人高兴地掏出笔:"不介意告诉我您的电话号码吧?今天晚上我把莫罗的作品集带给您看看。"

阿莱克斯却有些犹豫:"我很难说今天会有空,因为您知道,这案子很麻烦,如果可以的话我想我抽出时间去拜访您好了。"

"那么吃饭的时间应该还是有的吧?"莫里斯·诺曼并不接受他的拒绝,反而笑眯眯地建议道,"就今天怎么样?我们一起吃个晚饭?"

阿莱克斯的脑子在一瞬间没有任何反应,但是他很快瞪着眼前这个男人得出了不可思议的结论。

"你猜对了,警官。"莫里斯·诺曼看见混血男人的表情,露出诱人的微笑,"我是想跟您约会。"

CHAPTER 4 牛骨十字架

阿莱克斯已经记不清自己多久没有和人约会了，可能是四年，也许更长。他知道自己的长相讨人喜欢，不过他还从来没想过在工作的时候被自己将来可能带到法庭上的证人邀请。

莫里斯·诺曼博士很迷人，他阳光般的气质和宝石般的绿眼睛都充满了吸引力，但阿莱克斯却有些恐惧，甚至慌乱地按住了额头。他不知道自己是不是真的那么容易被当成一个性向异常的家伙……

可是在这儿他没有太多失控的时间——门外有很多人，他们都是他的同事，进进出出的工作人员还不时经过他身边，只要一不小心就会让难听的流言传出去。

阿莱克斯不得不继续维持着平静的面孔，在确认没有第三个人听到莫里斯·诺曼露骨的话之后，他很礼貌地告诉了这个男人自己的手机号码，却拒绝了他的晚餐邀请。

阿莱克斯急促地说道："很遗憾我不适合您。我今天必须得回警察局处理繁杂的事情，谋杀案已经发生了两起，这很严重，所以我会非常忙。"

莫里斯·诺曼耸了耸肩，却没有露出失望的表情。他把写着阿莱克斯的电话号码的纸条放进包里，礼貌地跟他道别离开了。

当这个男人的背影从门口消失以后，阿莱克斯感到一阵轻松，甚至暗中舒了一口气。

"长官！"比利·怀特惊喜的声音几分钟后在外面响了起来，这个灰眼睛的青年兴冲冲地回到现场，报告道，"长官，我已经找到了！三楼的消防工具箱里少了一把斧头，凶手一定是从那里拿的！"

阿莱克斯勉强挤出一丝微笑，他点点头："好极了，去采集指纹吧，我先回警察局见见老鲍勃，现在我们可能真的必须忙起来了。"

其实不等阿莱克斯·李去找他的上司，这个肥胖的老黑人也会自动地催他汇报情况。因为在这么短的时间内连续发生相同性质的残忍谋杀，媒体已经开始关注了，治安官为此承受了不小的压力，总是推脱说"无可奉告"未免不太现实。

阿莱克斯走进那间办公室的时候，老鲍勃正擦着脑门儿上的汗在和检察官通电话。当他放下听筒的时候，黑发男人看见他下颌的肌肉抽动了几下。

"瞧，阿莱克斯，"督察叹了一口气，"我今天晚上又得开始失眠了。"

"我明白，鲍勃，"阿莱克斯在他面前坐下来，说道，"不过凶手要杀人可不会先给我们打招呼。"

"是啊，那得看他们的心情，我们管不了！可现在问题是我们得花多少时间才能逮住那混蛋!"老黑人皱紧了眉头,"阿莱克斯,说说看你掌握的线索,有什么进展吗?"

"很少。目前只有'假日'旅馆接待员的证词可以暂时确定凶手的性别,从他的作案手法和现场留下的字迹来看可以确定是同一个人。但是我们没找到指纹和毛发,所以只能从两个受害者的人际关系入手。我想得一个一个地去排查,这得花点儿时间。"

"但是必须做,是吗?"老鲍勃很明白地补充道,"凶手有没有帮手?"

"只能肯定杀人的过程是他单独完成的。"

"还有特别的发现吗?"

阿莱克斯·李想了想:"如果说有比较奇怪的地方,那就是凶手对于'莎乐美'这个故事过分痴迷了,他好像很乐意把受害者想象成施洗者约翰,而把自己想象成那位冷血的公主。"

鲍勃·威尔逊发出一声厌恶的嘟哝:"上帝啊,又是这种人……"

阿莱克斯的心跳快了一拍,好像被什么蛰了似的,但他脸上依旧平静得没有任何变化。

黑人警官交握着双手,郑重地对他得力的下属说道:"我相信你的能力,阿莱克斯,但按照我以往的经验来看,这样心理有问题的凶手应该不会满足于两次杀戮,如果不尽快阻止,受害者还会增加。刚才检察官已经和我谈过了,他非常关注这个案子,你懂我的意思吧?"

"我明白,鲍勃。"

"你现在进行到哪里了？"

"我和比利已经走访了部分证人，正在根据从 CSI 那里得到的分析报告寻找更多的线索。"黑发的男人顿了一下，"啊，还有，我去找过咱们的协助专家了，你帮我查过的那个纽约大学的副教授，莫里斯·诺曼博士，他曾经研究过关于莎乐美的一些作品，这对我们很有帮助。"

"干得不错，伙计。"鲍勃·威尔逊的脸上总算有了一点儿笑容，他结束了公事上的谈话，从抽屉里拿出一个东西递给阿莱克斯。

"这是什么？"混血警探翻过来看了看，"西洋棋？"

"我以前常跟儿子下的，现在送给丹尼尔吧。"老黑人露出白牙笑着说，"我的小卷毛儿说男孩儿会喜欢这个的，她班上的汤米就是。"

阿莱克斯也忍不住笑起来："谢谢，我会在圣诞节转交给他。"

鲍勃走过来拍了拍他的肩膀："哦，别怪芬妮，她是个好女人，或许就是有点古板。"

阿莱克斯把袖珍西洋棋放进口袋里，没有说话，他在想如果鲍勃知道他离婚的真正原因，那这个敦实的老朋友又会有什么反应呢……

走出上司的办公室后，阿莱克斯去自己的桌子上拿了些东西，勤奋的比利·怀特果然如他所承诺的那样把昨天收集的资料笔记都放在了显眼的位置。阿莱克斯下楼去了最近的快餐店，然后一边喝着热红茶一边看着那些东西。中午时分他的临时搭档很快带着第二个案发现场的照片和受害人的资料找到他，两个人匆匆地吃了午餐。

灰眼睛的青年咽下最后一口牛肉汉堡，问道："现在已经发生两起谋杀了，怎么办，长官？"

"我们还没有完整的证物，只有巡警们对现场相关证人的笔录，所以应该去走访受害者的亲人和朋友，他们了解的情况也很重要。"阿莱克斯一张张地翻看着骇人的照片，又叫了外带的咖啡和红茶，"或许我们该从爱德华·班特开始。"

"是的，长官。"比利接着补充道，"对了，爱德华·班特的父母双亡，他的未婚妻今天下午从波士顿回来，正好要来辨认尸体。"

"太好了。那么再看看克里斯·里切路卡雷的情况。"阿莱克斯读着打印的文字，"……呃，他的父母住在盐湖城，他是一个人在纽约工作，啊，对了，我在他家看到他和一个女孩儿的合影，看起来像是他的女朋友。"

"是的，长官，这姑娘叫做玛丽·斯科特，发现尸体的卡彭特太太说认识她，巡警就记下了她的地址。"

"那么我先去找找她吧。比利，你到鉴证科等着爱德华·班特的未婚妻……她叫什么？"

"约瑟芬·哈勒姆。"

"好的，如果哈勒姆小姐到了，就打电话给我。"

"没问题，长官。"

阿莱克斯钻进老旧的福特车，把红茶放在驾驶台上，打燃火。他知道自己不得不在一天之内面对两个悲伤欲绝的女人。

玛丽·斯科特是一个自由撰稿人，所以在家工作，要找到她很容易。对于男朋友的死她完全无法接受，大大的浅蓝色眼睛被泪水浸得又红又肿，但是理智仍然使她打起精神回答了阿莱克斯提出的各种问题。

她告诉黑发的男人，克里斯·里切路卡雷是一个非常体贴、善良的恋人，他们相处得很好。那个年轻药剂师平时的生活习惯非常有规律，他没有酗酒和吸毒的经历，只是和她去固定的酒吧玩儿，或是打打保龄球。这个男人的生活圈子对于她来说也很透明，因为他们都认为恋人可以分享彼此的朋友。当阿莱克斯告诉玛丽·斯科特她男朋友的房门并没有被破坏的痕迹时，这位小姐用非常肯定的语气说道："我相信没有一个认识他的人会干出这么残忍的事情，警官。克里斯那么温柔，所有人都喜欢他，没人会想伤害他的。"

"他认识的人里是否有一个叫做爱德华·班特的中学教师？"

"没有，警官。"

"那么这段时间他有什么不对劲的地方吗？"阿莱克斯追问道，"比如情绪上的变化，或者说是见过什么陌生人？"

玛丽·斯科特认真地想了想，还是摇摇头："没有，警官，我们经常见面，他会把新鲜的事情都跟我说的。"

"他最近是否接触过有关戏剧《莎乐美》方面的东西呢？"

"《莎乐美》？"自由撰稿人疑惑地说，"不，没有，克里斯是虔诚的天主教徒，虽然他知道那是杰出的文学艺术，但总觉得有渎神的成分，所以从来不看。"

又是一个稀少的传统道德守护者，这一点倒是跟爱德华·班特非常相像。阿莱克斯向玛丽·斯科特告别以后，又驱车来到西村第八街，现场没有解除封锁，只是把范围缩小到了1006室，所以他很轻松地进了受害人的房间。

这里的一切都还没有清理，不过血迹倒是都凝固了，变成了恶心的黑色。阿莱克斯仔细看着克里斯·里切路卡雷的遗物，然后跨进了卧室。这整洁的房间里家具很少，床头的书桌上有许多照片，按照玛丽·斯科特的说法，这些人她都认识，他们是同学或者同事，也有一个俱乐部的会员。克里斯在卧室的门背后还贴了一张每周日程表，看得出他的生活确实一板一眼：周一到周四会去私人诊所上班，然后周五休息，周六大多参加朋友的聚会，周日去俱乐部。阿莱克斯看了看旁边挂的各种证件，有私人诊所的工作挂牌，有学校的奖章，有保龄球馆的优惠卡，还有些俱乐部的出入证……不过一条乳白色的十字架项链夹杂在里面有些显眼。

阿莱克斯拿起那条项链，它大概是用牛骨雕刻的，很精巧，连耶稣的头发和胡子都清晰可见，十字架背后有一行小字："坚贞、纯洁、克制，愿主给我们力量。"

或许一个好的信徒应该把这东西挂在更恰当的地方，比如床头什么的，阿莱克斯想，他的母亲就从来不允许他对十字架有任何的不敬。

这个时候兜里的手机突然响了起来，比利·怀特尽职地打电话告诉他，约瑟芬·哈勒姆小姐刚刚到了。

于是阿莱克斯又放下了手里的东西，匆忙赶回鉴证科，他抬手看了看表，差不多刚好是下午四点五十分。马尔科姆·米勒医生肯定已经完成了解剖，正在整理他的验尸报告。

他走进鉴证科的会客室，比利·怀特正陪在一位红头发的漂亮女士身边，看见他以后站起身来点了点头。

"哈勒姆小姐，"他向她介绍道，"这位是阿莱克斯·李探长，他负责您未婚夫的案子。"

"您好。"约瑟芬·哈勒姆点了点头。她长得很漂亮，但是风尘仆仆，一脸的憔悴，看得出来突如其来的悲惨消息让她伤透了心。

阿莱克斯模式化地安慰了她几句，然后便询问爱德华·班特的情况。

就跟他预先想的一样，约瑟芬·哈勒姆对未婚夫的评价和玛丽·斯科特非常像——这两个男人都是道德标本，好得仅次于天使，足以让他这样的家伙自惭形秽。阿莱克斯问起关于爱德华·班特的人际关系，漂亮的红发女郎想了很久也没有找到可以怀疑的对象，对于她来说，要跟好脾气的中学老师结仇的人似乎只有疯子。当阿莱克斯询问她的未婚夫是否认识一个叫克里斯·里切路卡雷的药剂师时，她表示自己从未听爱德华说过这个名字。

阿莱克斯有些失望地记录下新的线索——尽管没有多大的突破，但他还是礼貌地跟这位女士告别，并保证尽快抓住凶手。

"对了，哈勒姆小姐。"他在送她出去的时候要求道，"案发以后警方征得您的同意到您的家里进行过调查，您和未婚夫住在一起，对吗？"

"是的。"

"但那个时候只是我的部下负责，所以我想再去您家里看看，可以吗？"

"当然，警官，就在皇后区。"约瑟芬·哈勒姆疲倦地说，"不过今天请别来，我很累，想先休息一下。"

"没关系，小姐。"阿莱克斯彬彬有礼地答应了，"那么明天我会打电话联络您。"

"好的。"

比利·怀特把红发女郎送出门，然后回到桌子前坐下："怎么样，长官，有新的发现吗？"

阿莱克斯摇摇头："线索太少了，进一步调查很困难。啊，消防工具箱上的指纹化验了吗？"

灰眼睛的青年遗憾地叹了口气："还是没有指纹，只是发现了几个印子，是戴着手套留下的。"

"米勒医生的验尸结果呢？你去见过他没有？"

比利·怀特显出有些得意的神情："去了，长官。在哈勒姆小姐没到之前我先去找了他。"这个青年似乎为自己胆子又大了些而感到自豪。

阿莱克斯冲他鼓励地笑了笑："说说看。"

"米勒医生说死因和爱德华·班特一样，死亡时间却很短，大约只有两个小时。死者的口鼻中检验到了哥罗芳①,同样是被麻醉以后杀死的。"

"你干得不错,动作够快了。"阿莱克斯毫不吝啬地赞扬道,"第一个案子中的纤维化验出来了吗?"

"啊,好像是棉纱。"

"棉纱?"阿莱克斯有些失望,"我记得爱德华·班特的衣服就是棉质的。"

"啊,是的,不过具体的检验还没完呢。"

黑发的男人又把两个案件的现场照片一一排列开,特别是对照着那些相似的细节,又一次皱起了眉头,最后把目光放在了相同的血字上。

比利·怀特用手肘撑在桌子上:"不用化验笔迹也看得出来是同一个人写的,长官,这案子是不是可以定性为连环凶杀了?"

阿莱克斯淡淡地苦笑着:确实太明显了,所以今天上午莫里斯·诺曼也得出了同样的判断——凶手习惯把连接的笔画写得尖锐锋利,比如"y"那弯起的尾巴就写得像个尖尖的钩子,乍看仿佛是"u"和"v"重在了一起。如果有可以比对的字迹,那么他们从七百多万人里找一个变态杀手就不会那么困难了。

黑发的男人用手画了画那几个字母,对比利·怀特说:"我们明天一早去爱德华·班特的住所,或许看看他的信件会有新发现。"

"克里斯·里切路卡雷呢?"

---

① 哥罗芳,一种化学药剂,即三氯甲烷($CHCl_3$),有麻醉性。

"下午我又去现场看了一趟，不过还没找他熟人的字迹。两位受害者好像互相都不认识，倒是凶手分别熟悉他们。"

"真有意思……"

一阵电话铃声打断了两个人的交谈，阿莱克斯掏出手机，意外地看着屏幕上那个陌生的号码。黑发的男人一时间还没想起是谁，直到听见那个悦耳的声音，他才回忆起今天早上刚认识的男人。

"您好，警官。我是莫里斯·诺曼。我想现在您肚子一定饿了吧？"

阿莱克斯看了看比利·怀特，走到旁边低声说道："您好，博士。我说过我今天不能跟您共进晚餐了，我很忙。"

"没关系。"有着绿眼睛的男士愉快地说，"我完全明白您的工作性质，所以我叫了一些外卖，很方便的。哦，我就在鉴证科楼下，离您非常近。"

"很抱歉，博士……"

"啊，下雨了！我没带伞！您不想让我感冒，对吧？"

阿莱克斯有些无奈地放下电话，拍了拍比利·怀特的肩膀："明天早上我们去爱德华·班特的住处，今天晚上希望你能把我记录的关于'莎乐美'的资料都读完。"

"好的，长官。"比利·怀特接过阿莱克斯拿出的小笔记本，问道，"您现在要离开吗？"

"是的。"阿莱克斯想了想，"我得跟一个专家继续聊聊凶手的犯罪动机。"

CHAPTER 5
坚贞者协会

"看，这是沙茶牛肉，味道不错吧？里面有沙茶酱、甘笋片、姜、蒜和芥兰，据说得用油炒得很香。中国菜里有不少都很讲究调料，所以做起来特别费工夫。你觉得怎么样，博士？"

"非常美味。"浅棕色头发的男人摇了摇手中的叉子，"可惜我不会用筷子，这让吃中餐的乐趣打折了。"

阿莱克斯为他夹了一块牛肉："双手的灵巧程度很重要，这得经过练习才行。我想您大概很少来这里吃晚饭吧？"

莫里斯·诺曼摇了摇头："是的。我大多数时间是在快餐店里填饱自己的胃。"

虽然从没有带朋友来"福寿楼"，但是阿莱克斯今天却向这个绿眼睛的男人介绍了自己喜欢的粤菜。在明亮而嘈杂的中餐馆，他们坐在靠窗的角落里享受精致的菜肴，耳边不断传来夹着广东话的交谈声，还有一些英语，这两个男人就像最普通的食客一样不会被人注意。

"原来你有一半的中国血统。"莫里斯·诺曼很高兴阿莱克斯愿意跟他聊起自己的事情,"我一直觉得东方人的外表有着难以描述的魅力,现在看来这个优点在你身上体现得更加充分了。"

"谢谢你这么说,博士。"黑发警官放下筷子,掏出香烟,"可以吗?"

莫里斯·诺曼做了个"请随意"的手势。

阿莱克斯抽出一支烟点燃,缓缓吐出淡淡的烟雾:"其实不光是外表吧,我的生活习惯跟父亲很像,他按中国传统式的家教要求我从小中规中矩。我甚至上大学都保持着每天晚上11点钟睡觉、早上6点钟起床的作息时间,至于去舞厅和酒吧的次数更是少得可怜,直到工作后才过上'成人'的生活……"阿莱克斯笑着转向对面的男人,"你呢,莫里斯?你一定觉得我很无聊吧?"

"不,当然不会。"浅棕色头发的男人优雅地用餐巾擦了擦嘴角,看着阿莱克斯说道,"我在27岁之后才杜绝了不健康的习惯,如果我可以早点跟你一样或许能尽快成为教授。"

"听起来你的过去很荒唐。"

"年轻的时候总会觉得生理欲望是最要紧的,荷尔蒙的力量太强大了。"莫里斯·诺曼开玩笑似的摊开双手,"不过现在我只是喜欢偶尔去格林威治村附近的酒吧消遣一下。"

"哦?"黑发的警探微笑着问道,"是第六大道以东还是以西? ①"

"都有。我想我走进任何片区都有一个合适的身份。"

---

① 第六大道以东是富有嬉皮精神的中产阶级知识分子聚集地,以西则是同性恋活动的大本营。

"你真是个坦白的人。"阿莱克斯自嘲似的撑住额头,"告诉我,你什么时候发现自己对女人不感兴趣呢?"

莫里斯·诺曼想了想:"13岁吧。"

"难道你那个时候就可以确定自己一辈子都是个同性恋?"阿莱克斯有些尖刻地问道,"就像你说的'诚实'地面对自己?"

"是的,我确实没有别的选择。"这个男人几乎毫不犹豫地回答道,他绿眼睛里的东西坚硬得像钻石。

这干脆的态度使黑发警探的心底里涌出一种难以描述的挫败感,他突然想起自己离婚后不久接到的那个电话,电话中苍老的男声第一次带着哽咽,但是却像刀一样果决地、硬生生地质问他。同样,即使母亲倾注了所有的泪水来劝说他,但也还是没放下手中的十字架——她说如果他是因为不可告人的原因而离婚,她就当自己没有生过这个儿子。

尼古丁的气味熏得阿莱克斯的胸口发痛,他想咳嗽,却又忍住了。莫里斯·诺曼安静地注视着他,对他突然的沉默好像一点儿也不介意。阿莱克斯勉强笑了笑:"看起来你的家人很开通,博士,这真让我羡慕。知道吗,我已经两年没见到过父母了,他们甚至连一个电话都没有。"

浅棕色头发的男人侧着头,似乎在斟酌用词,然后才说道:"其实你用不着羡慕我,阿莱克斯,因为我的父母很早就已经去世了。"

尴尬的表情顿时在混血警探的脸上显露出来,他立刻有些慌乱,很快便摁熄了烟头,补救道:"很抱歉,莫里斯,我不知道会这样……"

"不，不，别介意。我没有责备你的意思。那么就让我们一起回到你的工作上来吧。"莫里斯·诺曼笑嘻嘻地说，然后从自己的包里翻出了一本书递到黑发警官面前。

"这是什么？"阿莱克斯诧异地拿起来。

"居斯塔夫·莫罗的作品集。"莫里斯·诺曼为他翻到其中一页，"喏，我想你现在需要的正是这个。"

是的，正是这一幅叫做《出现》的水彩画，画面上的一幕几乎就是凶案现场：身披华丽服饰的少女半裸着丰腴诱人的身体，伸手指向施洗者约翰的头颅；那个男人的头颅带着淋漓的鲜血悬在一人高的半空中，却发出一轮圣洁的光彩；头颅下方的地面上隐约可见暗红色的痕迹……

除了没有莎乐美本人，克里斯·里切路卡雷的死亡现场和画面非常像。

阿莱克斯看了看这本画册，里面还夹着几张书签。他随手翻开其中的一些，原来全部是这位法国画家以莎乐美为题材的作品，《莎乐美与希律王》、《莎乐美走向地牢》、《有纹身的莎乐美》……

阿莱克斯抬头冲莫里斯·诺曼感激地笑了笑。后者撑着头，解释道："我得说当时这么做只是希望能对你有所帮助，现在看来没有错，而且……我非常迫切地希望这个案子能尽快了结。"

爱德华·班特和他未婚妻的住处位于康迪特大道附近，是一幢非常普通的房子。当阿莱克斯·李和比利·怀特敲开门的时候，约瑟芬·哈勒姆跟来陪伴她的妹妹一起接待了他们。

　　这个家里有种温馨的气氛，看得出每个细节都是主人用心设计过的。亲密的合照挂在墙上，亲友们赠送的成对的摆设装点着各个角落。比利·怀特留在客厅向女主人的妹妹了解一些情况，而约瑟芬·哈勒姆则带着阿莱克斯来到二楼的卧室。

　　这个房间整体上布置成浅色系，中间有张漂亮的双人床，阿莱克斯看见床头柜上有一个心形的相框，俊美的爱德华·班特和他的未婚妻穿着泳装站在海滩上，笑得非常甜蜜。

　　"这是我们在夏威夷照的。"约瑟芬·哈勒姆顺着警探的视线看过去，解释道，"我们都很喜欢那里，原本打算结婚后再去度蜜月的……"

　　"我很遗憾，哈勒姆小姐。"阿莱克斯低声说道。他慢慢地走过化妆台和立柜，看着那些零散的小玩意儿，然后又来到卫生间，打开墙壁上的镜子，里面有些护肤品和梳子、发卡，还有剃须刀、几瓶安眠药和阿司匹林。阿莱克斯把药瓶移开，看见一个小盒子。他打开盒子，翻着那些男士用的一次性刮胡刀片和隐形眼镜旅行装，突然发现了一个有意思的东西。

　　"哈勒姆小姐，"阿莱克斯把一个乳白色的十字架从小盒子里拿出来，"请问这个是您未婚夫的吗？"

　　红发女郎有些困惑，她上前来仔细看了看："如果是从爱德华的旅行用品中找到的，那应该就是他的东西，不过我从来没见到过。"

　　"我想带走它。"

"有什么问题吗,警官?"

"有一点儿,您知道,我们不能放过任何线索,"阿莱克斯又安慰她,"请放心,有任何进展我都会告诉您的。"

约瑟芬·哈勒姆点了点头,于是阿莱克斯把十字架放进塑料袋装起来。他可以肯定这个十字架和克里斯·里切路卡雷的那个是一样的:都是骨质的材料,做工精细,背后同样刻着一行小字:"坚贞、纯洁、克制,愿主给我们力量"。

阿莱克斯很快结束了这次的调查,又带着比利·怀特赶去第二个凶案现场拿到了那个十字架,并把它们送到了鉴证科,要求尽快得到结果。有着一头漂亮金发的佩蒂·福兰克林告诉他们如果有耐心的话可以等两个小时。

当这两个男人在休息室等待的时候,年轻的警探忍不住说出了他的想法:"您觉得爱德华·班特和克里斯·里切路卡雷应该相互认识吗,长官?"

"也许是,也许不是。"阿莱克斯摩挲着手中的纸杯,回答得非常模糊。

"如果是完全陌生的人,那拥有一模一样的十字架、还在相距这么短的时间内被同样的方法杀死,真是巧得过分了。"

"没错,可是至少那两位女士没有说谎,要了解一个人的全部是非常困难的,即使关系再亲密也不行,她们说的只不过是自己知道的事情而已。"阿莱克斯对他的搭档说,"你知道,一个人如果下决心要隐瞒一些事情通常都会非常小心的。"

比利·怀特皱起眉头："那么这个十字架说明什么呢？刚才我们给玛丽·斯科特小姐打电话询问的时候她也说没见到过这东西。"

"注意一点，比利：两位死者都是虔诚的天主教徒，就我知道的情况而言，他们一般不会对十字架不敬。但是这两个十字架都是在不起眼的地方被发现的，是混杂在其他的杂物中的。很明显，在死者看来它们的意义不是代表宗教信仰。"

"您说得有道理，长官。"灰眼睛的警探点了点头，他抬手看了看表："已经一点了，佩蒂说大约两点钟结果就能出来。长官，我去弄点儿吃的。您要什么？"

"哦，我现在没胃口，谢谢。你自己去吧，我就待在这里。"

"好的。"

阿莱克斯看着搭档的背影消失在门口，口袋里的手机刚好响了起来。看着屏幕上已经记下来的号码，他微微一笑。

"你好，莫里斯。"阿莱克斯用轻松的口气问候道，"怎么，上完课了？"

"你好，阿莱克斯。"绿眼睛的博士在那头微笑道，"哦，事实上我刚从博物馆回来，十几分钟后还有一个个别辅导，所以只好现在打电话给你，我想提醒你最好在挂线之后马上吃点东西。"

"为什么这么说？"

"我猜你现在一定还饿着肚子，对吗？"

阿莱克斯笑起来："你长着千里眼吧，莫里斯。"

"不，我只是很清楚你这样的警察工作起来是没有时间概念的，你的胃不是不好吗？有规律的饮食可以改善这一点。"

"谢谢，我马上就去。"

"少吃辣的东西，还有酸的。"

"我会的，营养师。"阿莱克斯露出了微笑。

"好胃口，警官。"

挂电话的时候，黑发的男人甩了甩头，然后拨通了搭档的手机："你在快餐店吗，比利……是的，我改主意了。请给我带一份鸡腿汉堡，好吗？"

大约就在他们吃完简单的午饭后，金发的女化验员拿着结果找到了他们。化验结果上说那两个十字架都是用牛的腿骨雕刻的，绳子的成分是椰子树的纤维；十字架由四个部分粘合起来，那种胶质产自南美；把它剖开后可以看到里面刻有制造者的名字。佩蒂查了一下，这是一个智利的手工艺匠人，在美国有一家外贸公司代理他的产品。

阿莱克斯和比利·怀特很快跟那家外贸公司取得了联系，驱车赶到了位于联合广场附近的办公室。在亮过证件以后，经理非常配合地让秘书为他们查阅了订购这批十字架的顾客。

"是一个叫做马修·奥利弗的天主教神父。"胖乎乎的秘书小姐指着电脑对两个警探说，"他一年前通过我们向智利那边定了大约一百个这样的十字架。"

"有他的地址吗?"

"呃,当然。就在哈莱姆河大街7号,他的教堂离乔治·华盛顿桥不远。"

"非常感谢。"

阿莱克斯和比利·怀特都很兴奋,这个突破对于线索匮乏的他们来说非常宝贵。现在两个死者终于有了新的联系,仿佛藏在他们背后的东西也被拉近了距离。灰眼睛的年轻警探在车上甚至开心地用指头敲打着拍子。

"当心,比利。"阿莱克斯笑着提醒他的搭档,"现在我们只知道了十字架的来历,这可能不算什么。"

"但是我们至少可以证明他俩都是从同一个地方得到这东西的,目前这是他们有联系的唯一证据。最好是能证明他们也是在这唯一的联系下认识了凶手。有这个可能吗,长官?"

"可能性很大。"阿莱克斯说,"但一个神父给教徒十字架也是很平常的事情,如果要说奇怪,那就是接受的教徒对这东西的态度似乎不够尊敬。"

"很快就会知道原因了。"比利·怀特乐观地笑起来,"长官,这是个好的发现!您不认为咱们可以加快破案的速度吗?我猜您其实跟我一样高兴!"

阿莱克斯握着方向盘挑了挑眉:"我吗?为什么这么说?"

"您的心情不错!至少比前两天好些了,我能感觉到!"年轻搭档说,"有什么开心的事情吗?"

阿莱克斯摇了摇头,他没有料到比利·怀特有这样的想法,但是他相信自己的表情在无意间确实缓和了一些。实际上，黑发的男人并不愿意让自己这么容易被改变，所以他有些懊恼地皱了皱眉，好在灰眼睛的青年并没追问下去，这个新手的全部注意力还是在工作上。

"长官，我现在最想知道慈祥的神父为什么要把自己订购的十字架送给两个即将结婚的男人？"比利·怀特兴致勃勃地猜测道，"您说会是祝福吗？"

阿莱克斯没有回答，因为他知道大约半个小时后这个青年也许就能得到他期望的答案了。

虽然不是礼拜日，但是尽职的马修·奥利弗神父还是待在自己的教堂里，指导着打扫的工作。当阿莱克斯·李和比利·怀特找到他的时候，他正和几个祭坛助手一起挽起袖口擦拭着圣像，看到两个纽约警察向自己亮出证件，这个神父吃惊地睁大了眼睛。

其实吃惊的不光是神父本人，黑发男人和他的搭档也着实意外——这个"慈祥"的神父比他们想象的要年轻，最多二十八九岁的样子，而且长得很漂亮，蓝色的眼睛中甚至带着一种天真的神情。

"可以打搅您几分钟吗，神父？"阿莱克斯对他说，"我们得就两件凶杀案向您询问一些事情。"

"凶杀？"马修·奥利弗神父脱口叫出来，然后在胸前飞快地画了个十字，"上帝啊，太可怕了。"

阿莱克斯咳嗽了两声，有些不自然看向周围，那些年轻的孩子都目瞪口呆地注视着他们。

"我们可以到别的地方谈谈吗？"

"哦，当然可以。"神父把手里的工具交给离他最近的一个男孩儿，"带大伙儿接着干，迈克，我很快回来。"

神父一边整理自己的衣着，一边带着阿莱克斯和比利·怀特来到自己的休息室。他给他们倒了两杯水，然后坐下来。

"很抱歉我没有别的饮料，警官。"

"没关系。"阿莱克斯从口袋里掏出装在物证袋里的十字架，"你认识这个吗，神父？"

奥利弗神父仔细地辨认了一会儿，用肯定的口气回答："是的，当然。这个是我向智利的安东尼·纳斯维亚先生定做的！三年前我去圣地亚哥旅行时看到他的雕刻作品，那真是太棒了，简直是天才的设计——"

"那么，神父，"阿莱克斯连忙打断了他的回忆，"您定做了多少这种十字架？"

"大约一百个。"

"现在还有吗？"

"还剩了18个。"奥利弗神父转身从一个橱柜里取出一个盒子，里面凌乱地放着一模一样的十字架。

比利·怀特拿起其中的一些对比了物证袋里的那个，然后对阿莱克斯点点头。黑发男人把盒子还给神父，又问道："您把它们都送给谁了？"

有着漂亮脸蛋的神职人员有些为难地想了想："有很多人，我已经不记得了，不过我当初订购它们本来就不是打算作为圣像来赠送的。"

"那是为什么？"

"哦，是这样。"神父解释道，"我向信徒们布道的时候会很认真地思考，在这个物欲横流的世界上，该怎么抵御魔鬼的诱惑。当然上帝是唯一的明灯，他的爱会给我们每个人指出方向。但是，依然有很多年轻人无法跟欲望抗衡，这非常危险……"

比利向阿莱克斯使了个眼色，似乎对神父的话摸不着头脑，但黑发的男人还是认真地听着。

"……如果纵容自己的邪念肆无忌惮地蔓延，就等于给了魔鬼作恶的机会；同样，如果能够约束自己，再不断地影响亲人和朋友，那么无疑会产生很好的结果。"马修·奥利弗继续阐述着自己的观点，"因此，为了帮助那些对信仰坚定，并且希望更加坚定的孩子，我创立了一个叫做'坚贞者'的协会。"

"请原谅，"灰眼睛的青年终于忍不住问道，"神父，这和您的十字架有什么关系呢？"

"哦，我给每个会员都发一个这样的十字架。"

阿莱克斯明白了："原来如此……神父，可以告诉我您发给他们十字架的意图吗？您希望他们能天天佩带还是对着它祈祷？"

"都不是！"马修·奥利弗神父摇摇头，"这个十字架只是会员的标志，他们每次来参加活动的时候都把这条十字架挂在圣像面前，让我可以记下人数。"

"为什么不干脆登记呢？"

神父露出微笑："不，您不明白，警官。我只希望信徒们能够获得信仰的力量，我想他们自己向上帝靠拢，至于他们到底是谁、做过什么，这些都不重要。所以得到十字架之后，他们只需要自愿在教堂的本子上留下地址、电话和姓名就可以了，我不会特意去记每个人。同样，来去的时候也是自愿，想什么时候走就什么时候走，我从来都不限制。"

"也就是说，您根本无法把名字、地址和具体的人联系起来。"

"是的，警官。"

"那么您每次针对这些人的布道都是什么内容呢？"

"是关于纯洁的生活，远离肉欲和邪恶。"

"能具体说说吗？"

马修·奥利弗清澈的蓝眼睛有些闪闪发光，他纤细的手掌握成拳头："是性！警官，是性！乱伦、滥交和同性恋，这些都是属于魔鬼的享受，是上帝会惩罚的罪行，我要帮助那些可怜的孩子抵御它们！"

阿莱克斯的心猛地跳了一下，他看着面前这张俊美的面孔，只觉得胸口发闷，一时几乎难以忍受。

CHAPTER 6
匿名者

阿莱克斯·李记得母亲的声音，从来都是那么低沉而柔软，完全不像一个具有爱尔兰血统的女人。她漂亮、温柔、善解人意，除了上帝之外，丈夫和家庭就是她的全部世界。她严格按照《圣经》指导着自己的生活，希望家里的每个成员将来都能在天堂里继续生活在一起，但是当她发现自己唯一的儿子居然已经在地狱中预定了座位的时候，她震惊了。

开始她并不相信，因为阿莱克斯结了婚，并且有一个天使般可爱的宝宝，她也试图劝说芬妮打消离婚的主意，但是当儿子告诉她自己其实不愿意和女人待在一起后，这个母亲开始诅咒阿莱克斯，并且歇斯底里地发泄心中的怨恨和绝望。

阿莱克斯无比清晰地记得她当时在电话中的声音，既尖锐又狂暴，根本无法让人将她跟平常的优雅联系起来。那种声音就和父亲的哽咽一样，深深地刻进了他脑子里。

现在他很难过地发现面前的马修·奥利弗神父正在用跟母亲很相似的语气说着他的"坚贞者"协会，这让他再次产生了想要不顾一切逃走的念头。可他不能这样做，他必须控制自己别因为胸口膨胀的怒气和恐惧而对这个斯文的神职人员挥拳头。

马修·奥立弗神父并没有注意到警探紧握的双手和颤动的脸部肌肉，只是沉浸在自己的宗教狂热中。

"我希望您能明白我想要做的事情，警官先生！"俊美的年轻神父用他清脆的声音继续说道，"我起的作用是放大上帝对于人们的爱，让他们分辨罪恶！我希望当一个好牧人，为他们指明道路！我把他们已经树立的品德进一步固化，同时，我接受他们关于不安、迷惘、痛苦和抗争的倾诉！在我看来能自动加入'坚贞者'协会的人都是敢于面对自己的勇士，所以我不需要一个个地去认识他们就能确定布道在他们心里产生的作用，我只要知道每次十字架的数量在增加就够了……"

"好吧。"阿莱克斯抬了抬手，克制着没露出厌恶的表情，"那请告诉我为什么您又会要协会里的人留下自己的姓名和联系方式呢？"

奥立弗神父解释道："这并不是为我，警官，绝对不是我要掌握他们什么资料，这是为了成员之间的交流提供帮助。在布道结束后他们有些人也许能够成为朋友，或者是相互鼓励。"

"他们怎么认识彼此？通过您说的笔记本？"

"是的。"

"那个笔记本放在哪儿？"

"每次布道我会把它放在圣像下，就是他们的十字架旁边。"

"您的意思是，只要愿意，协会成员就可以随意获得其他人的联系方式？"

奥立弗神父搓着自己的手，点点头。

阿莱克斯叹了一口气，突然对面前这个人充满无奈："既然如此，神父，请把这个笔记本给我们看看，好吗？"

"抱歉，警官，如果是原先那个，我就没法儿给你们。"神职人员眨了眨眼睛，"事实上，它早就不见了。"

"什么？"比利·怀特忍不住叫起来，然后把目光移向他的上司。

阿莱克斯按住眉心追问道："它是什么时候不见的？"

"大概有一个多月了吧。"

"怎么会不见呢？是有人偷了它，还是其他的原因？"

"这我可不知道。"神父耸耸肩，"每次布道它都放在圣像下面，一进教堂就可以看到，就是靠左边的圣母和圣婴像下面。可是有一次一个新来的会员刚想登记的时候却发现它不见了。"

"您平时把这本子放在哪儿？"

"就在休息室的柜子里，和这些十字架放在一起。"

阿莱克斯看了看那个橱柜，它连一把锁都没有："那么您后来又有新的登记册子吗？"

"哦，有的，大家又重新写了一次，不过有些退出的人就失去联系了。"马修·奥立弗神父又转身取出了一个硬壳的笔记本，递给黑发警探。

阿莱克斯翻开那写满了几十个不同笔迹的本子，在第三页和第五页上分别发现了爱德华·班特和克里斯·里切路卡雷的名字。他合上笔记本："神父，我想把这个登记册带走协助调查。啊，还得有一个十字架。"

"哦，当然可以，警官。"

于是黑发男人礼貌地给神父留下了自己的电话号码："非常感谢您抽出时间来接受我们的询问，神父，您万一想起某些协会成员的特征，或者是名字，都请告诉我。"

"好的，不过警官——"

阿莱克斯打断他的话："当然了，我说的是万一。"

神父终于点了点头，他把这两个警察送出教堂，在临别的时候小心翼翼地问道："警官，您说的凶杀案，难道是跟'坚贞者'协会的成员有关？"

"是的，神父。"

"可是，他们都是温和的人。"马修·奥立弗着急地分辩道，"我相信他们都很善良，不会去伤害别人的——"

阿莱克斯摇了摇头："不不，神父，您误解我的意思了。其实，您的信徒是受害者——有两个'坚贞者'协会的成员被人砍下了脑袋。"

神职人员俊美的脸上露出惊骇的表情，瞠目结舌地僵立在原地。

比利·怀特坐在阿莱克斯的旁边，翻看着从马修·奥立弗神父那里得到的"坚贞者"协会成员名单。他对于现在仍然有这么多人乐于过清教徒的日子感到非常不可思议。

"长官，您不觉得那位神父虽然长得不错，但是却有些让人讨厌吗？"青年评论道，"说实话，我真不敢想象会有人能每个周末晚上坐在教堂里听他啰唆到凌晨。"

"宗教是容易让人上瘾的东西，就跟海洛因一样。"阿莱克斯一边开车一边淡淡地说，"虽然上帝很伟大，但是他选的代理人却良莠不齐，奥立弗神父只是其中比较奇特的一个。"

"这个神父创立的协会真是太过理想主义了。"

"是的，不过对于很多人来说，他们做的事情对自己有意义就够了。况且这协会合法而且无害，只是一个很平常的小型宗教组织。"

"可是却有两个成员遇害。"比利·怀特嘀咕道，"我从来没见过那么粗神经的人，他好像是从中世纪复活的。长官，您说两个受害者有没有可能在这个协会里相互认识？"

"当然有可能，但他们来这里都是瞒着女朋友的。"

"哦，对，那两位女士都不认识这个十字架。"

"或许是婚前恐惧症。"阿莱克斯笑道，"他们都快结婚了，没准儿是想让自己拿出勇气在将来几十年里专一地对待妻子。"

"长官，你觉得凶手会不会也是这个协会里的成员。"

阿莱克斯摇摇头："我不知道，比利，可能是，也可能不是。奥立弗神父说登记册子丢过一次，记得吗？"

灰眼睛的青年关上笔记本："那么我们得先对这上面的人进行排查，长官。"

"当然。"

"一共有75个人，这可是项艰巨的工作。"

阿莱克斯笑了笑，把目光转向窗外的百老汇大街。临近的夜色预示着这一天正在过去，各式各样的名牌商店亮起了灯，阿玛尼、香蕉共和国、KENNETH COLE……橱窗中的东西被照得闪闪发亮，如同《一千零一夜》中盗贼们的宝库。人的欲望总是无穷的，每时每刻都得面对各种各样的诱惑，而软弱者更多，所以黑发的男人觉得，有时候天真的马修·奥立弗神父倒可以算是一个值得他敬佩的对象。

但阿莱克斯也可以预料接下来的调查的确不会轻松。

按笔记本上的名称和住址看，"坚贞者"协会的成员遍布整个纽约，而且有不少明显是化名，比如"马太"、"保罗"之类的，留下的联络方式也不详细，而警探们的时间并不多……

顺路把比利·怀特送到他租的公寓，阿莱克斯买了点微波食品回到家，他匆匆地洗了澡，填饱肚子，然后坐在灯下仔细阅读"坚贞者"协会的名单，挑出那些地址详细的人。莫里斯·诺曼的电话在大约十一点的时候打过来，而阿莱克斯刚好靠在床头准备继续看看关于莎乐美的绘画，居斯塔夫·莫罗妖异华丽的作品。

"我猜你现在一定躺在床上，是吗，警官？"浅棕色头发的男人在电话里问道，"感觉怎么样？"

"哦，非常舒服，我终于可以让我的腰好好休息一下了。"阿莱克斯笑着说，"今天跑了很多地方。"

"还算顺利吧？你知道我很关注。"

阿莱克斯哀叹道："我和狂热的马修·奥立弗神父打交道非常费力了。"

"马修·奥立弗？"男人的声音变得有些谨慎，"那个很年轻的天主教神父？有双漂亮蓝眼睛的？"

阿莱克斯意外地问道："你认识他？"

莫里斯·诺曼笑起来："当然认识，他可是一个非常厉害的辩论对手，曾经力图'挽救'我的一个学生别变成同性恋。他还指责我没尽到一个教师的职责，他不相信性向会有天生因素在起作用，这让我非常头疼。"

"看来你领教过他的厉害了，博士，不过别担心，我还是从他那里得到了些想要的东西。"

"听你的口气结果不错，那我就放心。"莫里斯·诺曼叹息道，"阿莱克斯，我原本应该去接你吃晚饭的，可是我又不愿意打搅你的工作，这实在是太矛盾了。"

"博士，你这样的口气就像一个蹩脚的演员。"

"如果你知道我就在你楼下一定不会这么说了。"

阿莱克斯一下子从床上跳起来，但想了想又坐下。"不，别开玩笑了，莫里斯。"他说，"你根本找不到我的家。"

"本来是这样，不过上次在福寿楼的时候你说过住在这附近最高的公寓，所以我就来问了一下。"

阿莱克斯握着话筒的手发紧，不知道说什么。

莫里斯·诺曼连忙解释道："请原谅，我并不想刺探你的私人空间，阿莱克斯，我绝对没有这个意思，千万别生气。"

这个男人的声音焦灼万分，好像很真诚。阿莱克斯沉默了一会儿，叹了口气："你上来吧……"

"不，阿莱克斯，我不是要强迫你邀请我——"

"上来吧，或者我下去。"阿莱克斯尽量轻松地说道，"把客人撇在寒冷的夜风中可不是有礼貌的行为。我的房间就在顶楼，独立的一个门。"

莫里斯·诺曼好像松了口气，然后欣喜地答应了一声，挂断电话。黑发的男人看着留有余温的手机，觉得自己变得冲动了——这个房间除了它的主人，还没有第二个人来过。

几分钟后门铃响起来，阿莱克斯迅速调整好自己的表情，为莫里斯·诺曼打开门。

博士似乎腼腆而谨慎，在见到他以后略带歉意地微微一笑。阿莱克斯看到这个男人深色的毛料外套上有糖霜一样的东西，看起来外面已经开始下雨了。

黑发的警探拉开冰箱问道:"随便坐吧,博士,要喝点儿什么?啤酒?威士忌?"

"啤酒就好,谢谢。"莫里斯·诺曼脱下外套,打量着阿莱克斯的房间。这个地方大约两千平方英尺左右,家具很少,装修得也很简单,几乎没有任何饰品;卫生间、卧室和客厅只是用模糊的彩色玻璃分隔开来,最左边旁边是厨房,右边则是巨大的阳台和落地窗。从拉开的百叶窗可以看见纽约夜晚的灿烂灯火,还有墨黑的天空。

黑发男人开了一瓶啤酒递给客人,然后在他对面坐下来。

"你的生活要求不高,阿莱克斯。"莫里斯·诺曼评论道,"你的家很干净,很朴素……"

"也很简陋,是吗?"阿莱克斯笑了笑,"没关系,你可以直说,博士。我很少回来,这里与其说是家,不如说是一个睡觉的地方。"

浅棕色头发的男人眼里露出了一种柔软的神情,他轻声问道:"难道说……你以前住的地方不是这样?"

阿莱克斯苦笑:"哦,是啊,我曾经住在贝里奇附近,和我的妻子、儿子一起,那可是一个完整的家。"

莫里斯·诺曼的身体动了一下,很意外地问:"你是说……你结过婚。"

"很没种,对不对?"阿莱克斯自嘲地耸了耸肩,"你可以瞧不起我,没关系，但我一点儿也不后悔。"

"不，你误会我的意思了。"绿眼睛的男人皱了皱眉头，"我们之中有很多人都逃避过，这并不是他们的错，世俗的道德观太强大了，他们都只是在尝试保护自己。"

"难道你以为隐瞒自己的秘密而结婚是正确的？"

"不，我很反对，因为这样伤害的人不仅仅是当事人自己。可是相信我，阿莱克斯，有些错误是可以被原谅的，而且你已经修正了，不是吗？"

阿莱克斯避开了莫里斯的视线，他知道自己有一瞬间的触动："或许是吧，不过却找不到弥补的方法。"他哼了一声，"现在我的前妻非常恨我，甚至不愿意让儿子见我一面。"

"你说不后悔的原因，是不是因为那小不点儿？"

莫里斯·诺曼俏皮的语气让黑发的男人笑了起来，他的心情变好了一些，甚至转身从床头拿来了一个相框。

"愿意认识一下我的小水手吗？"这个父亲微微有些得意地把儿子的照片递给莫里斯，"瞧，他很棒，是不是？"

照片上是一个四岁大的男孩儿，有着深棕色的头发和跟父亲一样的墨蓝色眼睛，他圆滚滚的小脑袋上戴着一顶海军式的帽子，正惊奇地看着镜头。

"我得说他是我见过的最可爱的宝贝儿。"莫里斯·诺曼毫不做作地赞美道，"看他长得跟你多像，阿莱克斯，他将来一定非常迷人。"

黑发的男人满足地笑起来，有些骄傲，又带着几分苦涩。他把照片拿回来，轻轻摸了摸儿子的脸，然后放下："我已经快三个月没见到丹尼尔了，我的前妻觉得我离他们越远越好。"

　　莫里斯·诺曼来到阿莱克斯身边坐下，握住了他的手："听着，警官，我有一个魔法，想不想试试？"

　　黑发男人呆了一下，露出疑惑的神色。

　　"可以借给我一根绳子吗，最好是细一点儿的？"

　　"当然，不过——"

　　"请借给我，警官。"

　　阿莱克斯莫名其妙地找出一根棉绳交给他。莫里斯装模作样地咳嗽了几声，然后向他展示了平滑的绳子，再打上几个死结。

　　"喏，现在我需要你拉一下这里。"他指着一个线头对阿莱克斯说。

　　"哦，我知道它能解开，莫里斯。"黑发的男人笑起来，"别想我干这事儿。"

　　"为什么不试一下？"

　　"得了，我知道你可以——"话音未落，阿莱克斯却愣住了，他拽了拽那个线头，绳结却纹丝不动。他看看莫里斯·诺曼，似乎想说他演砸了。

　　"别这么看着我，警官。"绿眼睛的男人却笑起来，"为什么你不再试试另一个？"

"你知道通常它们的效果差不多……"

"试一下没坏处的。"

阿莱克斯并没有坚持多久。"好吧，"他说，"我很遗憾你的魔法失效……"

然而奇迹却发生了：当他拉动另一个线头的时候，整个错综复杂的绳结像听到召唤一样瞬间散开，恢复成了它最开始的模样。

阿莱克斯惊异地看着莫里斯·诺曼："太神奇了，博士，你真是个天才。"

"谢谢。"那个男人英俊的脸上带着一贯的微笑，但是又好像多了些别的东西。他把绳子放下："没有什么问题是不能解决的，阿莱克斯，你需要的只是勇敢面对它，然后选择一个正确的方法。"

室内突然很安静，有种说不出来的暖流从黑发男人的心底涌了出来，他甚至觉得自己的眼眶快要变得潮湿了。或许是太久没有人给他变戏法了，他想，也太久没有人对他这样说话了。

CHAPTER 7 塑料袋中的腐尸

这两天阿莱克斯·李好像变得开朗了一些，或许是那个晚上的戏法儿令他放松了不少，也有可能是新的线索让目前这个棘手案件有了一些进展，不过很明显进展带来的惊喜并不算太大。

大约过了三天左右，阿莱克斯和比利·怀特已经走访了所有能找到的"坚贞者"协会的成员，大部分人都留下了详细住址和真实姓名。跟他们想的一样，这些男人——当然也有个别女人——大都是诚实、善良、收入稳定、没有不良嗜好的模范公民。他们都可靠得足以让邻居感到安心，甚至放心地把孩子寄放在他们身边。

他们加入协会的原因也是各种各样的，有人是为了坚定自己对上帝的爱，有人是为了抵御妻子或丈夫之外的人带来的诱惑，也有人单纯地喜欢听那个马修·奥立弗神父布道（这点有些不可思议），还有人是为了肯定自己"正常"的性向……总之每个人都有充足的个人理由，同样，他们也都不大喜欢警察上门对此刨根问底。

当阿莱克斯和比利·怀特拿出爱德华·班特和克里斯·里切路卡雷

的照片时，只有几个人能够认出他们，并模糊地回忆起这两个男人的情况——

"我知道这个人，哦，班特先生。"一个灰鼠色头发的中年女子说，"他每次布道都来，他是个好人，就是不大爱说话。"

"克里斯·里切路卡雷？"另一个瘦削的年轻人则回忆道，"是的，好像见过，他挺爱笑的，是吧？蓝眼睛？哦，或者是黑眼睛。"

一个留胡子的中年男人说："我只记得他们的脸，在神父布道的时候他们有一个好像坐在我旁边。"

还有人的反应是这样的："原来他们叫这名字……有段时间没来了，我就知道还是有人没办法坚持自己的信仰……懦弱的家伙们……"

阿莱克斯和他的搭档并没有从这样的排查中获得更多有用的信息，当他们手中的名单被一个个地打上勾之后，黑发的警探做出了一个决定。

"我想咱们得再忍受一次宗教狂热分子的喋喋不休了。"他对比利·怀特说，"马修·奥立弗神父的禁欲布道是在每个周末的晚上吧？"

"是的，长官。"青年回答说，"周六晚上八点开始，结束时间则得看那位神父的演说欲望有没有得到满足。真不知道那些人怎么受得了。"

"的确是可怕的折磨。可是如今看起来我们必须得去尝试一下了。"

"难道您想到'坚贞者'协会去，长官？"

"对。"阿莱克斯说，"现在能调查的人都见到了，还没有发现任何疑点。而那些剩下的都是用的化名，有些人的地址根本就找不到，除了在布道的时候一个个去辨认，没有别的方法。"

比利·怀特一脸的苦恼，就像不得不吞下一只活蟑螂似的。"好吧，长官……"他低声说，"我想我一定会尽力的。"

"想开点儿，你要做的是认人，而不是听神父的讲演。哦，对了，我想他一定不介意你悄悄戴上耳塞的。"

灰眼睛的青年苦笑起来："真是好主意，长官。"

但是他们的玩笑还没有说完，一个电话便让这两个正开着车行驶在五十七街上的警察感到了沉重的压力。

那是肥胖的老鲍勃的声音，他在电话里瓮声瓮气地说："去东河，小伙子们，那里又发现了一具尸体。"

在离威廉斯堡桥南边大约一英里的地方，两个钓鱼的流浪汉发现河边有个漂浮的袋子，他们以为是清理垃圾的船遗漏了东西，冒险下去把它捞上来，想碰碰运气，找些值钱货。但是当他们打开后却吓得差点昏过去——那里面竟然是一具无头男尸，而且已经高度腐烂，散发着强烈的恶臭。

接到报告以后，鲍勃·威尔逊第一时间就联想到最近发生的两起类似案件，他告诉阿莱克斯和比利·怀特最好去现场看看。于是黑发的警探从曼哈顿东边的罗斯福大街拐到河岸，把车停在了离现场五十英尺的地方。

CSI 的工作人员正在给尸体拍照、收集证物，巡警们已经牵起了长长的警戒线，许多人探头探脑地张望着，还有扛摄像机的记者，相机的闪光灯不时晃过他们的眼睛。

阿莱克斯看了一眼不远处的警车,两个巡警正在分别给发现尸体的流浪汉做笔录。他叫比利·怀特去瞧瞧,顺便拿手套和口罩。

金发的佩蒂·福兰克林和验尸官马尔科姆·米勒医生正在河岸上忙碌着,那位美貌女郎拍照,而头发花白的老人则用手检查着尸体。当阿莱克斯走近的时候,一股腐败的味道让他的胃部开始痉挛。

"我的天呐……"他呻吟了一声,"看起来真糟糕。"

"是的,伙计。"米勒医生转过头来,他也戴着口罩,"瞧这可怜的小伙子,他被人割下头,装进塑料袋,然后在水里泡了大约一个月,虽然天气很凉,可他还是有一半的身子快烂成液体了。"

阿莱克斯无法忍受地皱起了眉头,催促比利快把口罩给他拿来。灰眼睛青年只看了尸体一眼就呕出声来,跑到一边去了。

"有什么发现吗?"阿莱克斯保护好自己的口鼻,然后在米勒医生的身边蹲下,看看面前的尸体:它侧躺着装在黑色的袋子里,少了头,但其他部分并没有被肢解;尸体左半身浸泡在水中,可以看到一些白色的骨头从墨绿色的肉中露出来,另一半身子则要好些,至少还有黑红色的肌肉组织;受害人的手脚都被捆起来放在胸前,整个身体弯得像龙虾。

"目前知道的不多。"验尸官告诉混血警探,"从尸体可以看出我们的受害者是个中等身材的人,或许还很年轻,应该经常上健身房。至于他的年龄、身份,还有别的资料,就得回实验室以后才能知道了。"

"发现他的头部了吗？"

"没有。袋子里只有身体部分，水警正在分别向上游和下游搜索。"

阿莱克斯看了看尸体颈部的断裂伤口，谨慎地问道："马尔科姆，你觉得这位受害者和爱德华·班特他们的案子有关系吗？"

老验尸官站起来伸了伸腰，回答说："我不知道，阿莱克斯，但是纽约的刑事犯罪中不同凶手采用断头这同一种杀人手法的几率能有多大呢？"

黑色头发的青年沉默着，觉得心中又压上了沉甸甸的石头……

两天以后，水警们在阿斯托里亚公园的浅水区找到一颗浸泡在泥浆中的头颅，并火速送往鉴证科。经过化验DNA，警方确认了头颅正是属于那具无头男尸的。法医们从同样烂得模糊不清的人头上取得了死者的牙齿模型，经过比对失踪人口记录，确认了死者的身份。

死者叫做丹尼斯·肖恩，31岁，身高五英尺八英寸，褐色头发，绿眼睛。生前是一个会计师，为兰奇·波恩船运公司工作，住在西纽约，已婚，有个七个月大的女儿。他的妻子在一个月前报案说丈夫失踪了，一直下落不明。

马尔科姆·米勒医生的验尸报告上表明，肖恩的死因是心脏遭到锐器刺穿，全身有十来处刀口，其中左胸的两道是致命伤，他是在死亡后被砍下头颅，装进旅行袋。他胃里的食物已经排空，估计是在饭后四到六小时死亡。尸体上除了一枚结婚戒指，什么东西也没留下，加上被带盐分的水浸泡过，因此能找到的线索实在不多。

经过现场勘察，尸体和头本来是埋在一个地方，但是这段时间的雨水充沛，泥土变得松软，刚好公园方面整修了一些水路，所以躯干部分被带到了下游，如果再过一天可能就会直接飘进纽约湾，再也找不到了。

阿莱克斯和比利·怀特在得知了死者的身份以后立即分头进行调查，黑发的警探直接去了受害人的住所，而他的搭档则拿着照片拜访马修·奥立弗神父。这次他们俩得到了不同的结果：阿莱克斯找遍了丹尼斯·肖恩的住所并没有发现那种乳白色的十字架，问及他泣不成声的妻子也毫无答案；而比利·怀特在把死者的照片递给年轻的神职人员时，奥立弗神父却告诉他自己确实见过这男人，虽然不知道名字，可死者曾经在很长一段时间里都准时来听他布道，只不过最近一直没出现了。

好像一切都在朝糟糕的方向滑去，如同一辆脱轨的列车，难以挽救……

阿莱克斯坐在上司的办公桌上，抱着双臂注视着窗户——又下雨了，无数细小的水流像蛇一样从玻璃上蜿蜒流下，然后落到地面，汇集到污秽的下水道中。他墨蓝色的眸子里似乎没有任何可以捕捉的情绪，甚至连在玻璃门外走来走去递眼色的比利·怀特都视而不见。

鲍勃·威尔逊为难地咳嗽了两声，把黑发男人的注意力重新拉回来。

"你在听我说吗，阿莱克斯？"胖黑人叹了口气，"别这么不情愿。现在我们已经把这几起案子定性为连环凶杀了，你知道我的难处，今天上午检察官克劳德·贝克利给我打了电话，他希望把这案子移交给 FBI——"

"不行！"黑发的警探毫不犹豫地拒绝了，"鲍勃，别那样做，我和比利可以抓到凶手，我们已经得到了很多的线索。"

老督察皱着眉头提高了声音："阿莱克斯，你得明白，现在那个凶手已经杀了两个男人，而且第三个也很有可能是死在他手里。我们面对的是又一个约翰·韦恩·盖西①，我不想纽约变成上世纪七十年代的芝加哥！"

阿莱克斯深深地吸了一口气，做了个放松的手势："好吧，听我说，鲍勃。到现在为止我并不是一无所获，只要盯紧'坚贞者'协会的成员就可以找到凶手的踪迹，他绝对是在这里面挑选自己的猎物！我已经跟马修·奥立弗神父说过了，这个周末晚上就会去参加他的布道。我和比利会一个个地排查那些人，我们可以抓住凶手！想想我这些年的成绩，鲍勃，我从警校毕业就跟着你，你必须得相信我！"

"我当然相信你，阿莱克斯，"督察摸了摸头，"可是你知道这是纽约，FBI 东部地区的总部——"

"去他的 FBI！"黑发男人有些粗鲁地说到，"这是我的案子，鲍勃，我不希望任何人再来插一脚！我要亲手逮到那个混蛋！"

他墨蓝色的眼睛里有难得一见的坚持，老黑人严肃地看着他，过了半天才点点头。"好吧，"他说，"我会跟他们争取只要一个特派员作为监督，说你因为在匡迪科接受过 FBI 的培训，仍然有能力负责这个案件。上帝保

---

① 约翰·韦恩·盖西（John Wayne Gacy），绰号小丑杀手，美国历史上有名的连环杀手，于上世纪七十年代杀害了至少 33 名男子。

佑，希望这方法管用。"

阿莱克斯绷紧的脸上稍微放松了一些："谢谢，鲍勃，真的非常感谢。"

"别把我当成万能钥匙，小伙子。"老督察叮嘱道，"我不会每次都这样做，你得自己好好把握。"

"我会的。"

阿莱克斯向上司感激地笑了笑，然后走出门，朝比利做了个"OK"的手势。灰眼睛的青年舒展开眉头，长长地出了口气。

阿莱克斯想了一会儿，拿出手机拨通了莫里斯·诺曼的电话，坦率地告诉那位大学副教授他需要他的帮助。

两个人的第二次晚餐是莫里斯挑选地点，虽然阿莱克斯料到他会非常精心地准备，但是并没有想到会如此殷勤——

大约晚上七点左右，莫里斯·诺曼就开着车来公寓接他。

"要听点音乐吗？"莫里斯·诺曼向一直不大自在的约会对象问道。

"啊，好的。"坐在副驾驶位上的阿莱克斯点点头，他发现这辆银色奔驰车和他的主人一样，任何细节都完美无缺。

莫里斯·诺曼打开了音响，一首旋律缓慢的歌曲飘出来，沙哑的男声和柔媚的女声反差很大，却又异常和谐，只是那调子诡异而压抑，歌词也带着毒品一样的味道。

"这是什么曲子？"阿莱克斯好奇地问道。

"Where The Wild Roses Grow,《野玫瑰长在何方》,尼克·凯夫①和凯莉·米洛②合唱的,"莫里斯·诺曼回答,"一个男人杀死了自己爱人的故事。"

"真可怕。"

莫里斯·诺曼笑起来:"有些人就是如此,明明深爱着对方,却会用死亡来确保自己永远占有爱情。"

"听起来倒是跟莎乐美很相似。"

绿眼睛的博士赞许地点点头:"你说得不错,人性总有相通之处。"

这谈话让人不大愉快,阿莱克斯尝试着转移了话题:"我们去哪儿?"

莫里斯·诺曼冲他眨眨眼:"一个好地方,绝对没人打搅。"

阿莱克斯挑高了眉头,他只希望这个男人千万别把他带到西村的同性恋餐厅去,那样的话他还得费心思拒绝。不过十几分钟后他就知道这担心完全是多余的,莫里斯·诺曼把车停在了一家老式餐厅门前,那典雅的门廊立柱让他想起了上个世纪二十年代。

"这是我喜欢的地方。"莫里斯·诺曼笑着对他说,"就跟你的'福寿楼'一样。"

阿莱克斯和绿眼睛的男人走进这家餐厅,穿白色制服的侍者将他们领到预先定好的座位上,然后递上了菜单。莫里斯·诺曼询问了阿莱克斯的意见,然后点了几个菜,还叫了一瓶波尔多葡萄酒。

---

① 尼克·凯夫(Nick Cave),澳大利亚男歌手,乐队 Bad Seeds 成员。
② 凯莉·米洛(Kylie Minogue),澳大利亚知名女歌手。

黑发的男人有些拘谨地打量着周围：餐厅里的布置很别致，每个桌子之间都有雕花的玻璃作为屏风，给客人们隔离出了一定的私人空间；桌子上有一个带罩子的小台灯，上面缀满了人造水晶，亮闪闪的；舞台上有人在吹萨克斯风，很舒缓、很缠绵。这里没有人去窥探别人的动静，只能看见玻璃屏风后面那一团团橘黄色的灯光和晃动的影子。

"怎么样？还喜欢吗？"莫里斯·诺曼看着阿莱克斯满意的神色，故意问道。

"很不错，好极了。"黑发男人笑着给他了一些鼓励，"谢谢你带我来这儿，博士。"

"你需要放松，阿莱克斯，自从你说出现第三个受害者以后，我每次打电话你都在外边忙碌着。怎么，很不顺利吗？"

警探摸了摸自己的脸，苦笑了一下。他想到正在调查的第三个被害者和老鲍勃的叮嘱，顿时有些头疼。阿莱克斯简单地跟莫里斯·诺曼谈了现在的进展，然后问到凶手的杀人动机。

"你觉得他为什么会挑选'坚贞者'协会的成员下手呢，博士？是痛恨道德家？"

浅棕色头发的男人优雅地展开餐巾，提示阿莱克斯："想想莎乐美杀掉约翰的动机，那可不是因为仇恨。她爱他，可是他却认为她淫乱。"

"你的意思是凶手有可能很喜欢死者？他也许在幻想那些人爱上自己，可是当幻想破灭以后他就杀掉了他们。"

"我跟你说过凶手留下的那句话出自王尔德的独幕剧《莎乐美》。"

"是的。"

"你知道作者本人就是个同性恋吧？"

阿莱克斯点点头："是的，我听说他喜欢漂亮的男孩子，还为此吃了官司。"

"时代进步的表现就在于社会变得越来越宽容，我们生活在二十一世纪，至少不必因为性向异常而进监狱。"莫里斯·诺曼交握双手，"如果你读过《莎乐美》，或许就应该发现，作者对约翰的描写带着他特别的审美观，而这些都是从莎乐美的台词中表现出来的。"

阿莱克斯有些脸红："我想我记不得了，我当时读的时候只觉得那有些话接近于病态。"

"当然，这些话在舞台上说的时候很正常，不过在现实生活中却太肉麻了。"绿眼睛的博士看着对面的男人："想想看，如果我现在突然赞美你的头发'像是葡萄园里垂下的串串黑色葡萄，像黎巴嫩的杉树，当月亮隐藏她的脸庞，当众星消失，世上仍然没有任何东西比得上你头发的黑沉'；或者是我赞美你的身体'就像园里从未染尘的百合'、你的嘴唇'像是渔夫在破晓的海上所寻获的血红珊瑚，那些只贡奉给国王的血红珊瑚'，你会有什么感觉？"

"我想您故意不打算让我吃晚饭。"

"就是这样。"莫里斯·诺曼笑起来，"但可以看出在王尔德的笔下，施洗者约翰并不是传统意义上那个脏兮兮的圣徒，而是一个符合同性恋审美观的美貌青年。作者隐藏在莎乐美的背后表达自己的想法。"

"我明白了,"阿莱克斯的眼睛亮起来,"也就是说,从凶手的眼中看来,被害者是跟他一样的性向,所以他是在寻找爱人而不是敌人。"

莫里斯·诺曼点了点头:"很有可能。"

"那他或许曾经向他们求爱,理所当然地被拒绝了。"阿莱克斯有些兴奋地问道,"莫里斯,在你看来凶手的特征会有哪些呢?"

"我不是夏洛克·福尔摩斯,很难准确描述出来。不过——"高大的男人耸耸肩,"——就当是买彩票吧,或许真的能猜中呢。"

"说说看。"

博士想了想:"我觉得他首先是个不折不扣的同性恋,而且在文学艺术上有一定的造诣,对宗教会有反感或抵触心理——这是从现场来看;其次他喜欢年轻英俊的男性,说明他也许没有一个固定的男朋友,他长得可能不怎么好看,甚至还很丑,要么就是性格怪异,根本找不到恋人;还有,他能够轻易杀死三个健壮的成年人,砍下他们的头,至少他非常有劲!"

"说得很好啊,莫里斯。"黑发的警探拍了拍手,"如果不是中间的一条有些不符合,我觉得你自己就可以成为嫌疑犯之一了。"

"是的,警官。"那人轻轻地笑起来。

这个时候侍者开始上菜,两个男人停下交谈。侍者打开葡萄酒,倒了一点儿给莫里斯·诺曼,他闻了闻,浅尝一口,点点头。于是侍者礼貌地为他们斟酒,然后按照客人们的要求离开了。

"星期六晚上你有空吗，阿莱克斯？"莫里斯问道，"我有两张音乐会的票……"

"哦，抱歉。"黑发的警探摇摇头，"我得和比利去听马修·奥立弗神父布道。"

浅棕色头发的男人露出惊讶的表情："天呐，警官，你一定不知道那位神父的演讲会多么让人难以忍受。"

"我可以预料是怎样的酷刑！"阿莱克斯无可奈何地苦笑道，"不过一想到那个协会是我们抓住凶手的重要线索，我就不得不万分主动地参与其中。"

莫里斯·诺曼怜悯地看着他，顿了一下，突然提议道："如果可以的话，阿莱克斯，让我也一起去吧。"

黑发警官切割牛排的动作停了下来，他诧异地看着对面的男人。

"我和你一起去，阿莱克斯。"博士笑嘻嘻地说，"马修·奥立弗神父看到我就会像打了兴奋剂一样，他会把说服我当成第一要务，他的演讲会立刻变得生动而富于表演性，每个人都会被他吸引的。"

阿莱克斯连忙摇摇头："不，莫里斯，没这个必要。"

"你会感受到好处的。想想看——"绿眼睛的男人认真地说，"——首先其他人的注意力都会被吸引到我和他身上，谁还会留心你们俩；而且，他演说的主题会一直纠缠在同性恋的罪恶上，在场的哪些人会有特别反应呢？"

是啊——什么人会有特别的反应呢？

CHAPTER 8 断头耶稣

阿莱克斯·李仰望着十字架上的耶稣——

人子闭着眼睛，略微皱起眉头，脸上痛苦的表情不怎么明显。他的头上戴着荆棘，手掌和双脚上有醒目的钉痕，并不强壮的躯体被大大地展开，面对他的信徒，而背上背负着全人类的罪。

阿莱克斯想知道那里面会不会也有自己的一份。

他出神的状态并没有维持太久，很快就重新低下头，把视线集中在了教堂前面的那些信徒身上，现在是周六晚上九点，他们正在专心致志地听马修·奥立弗神父宣扬禁欲理论。

黑发的警探坐在第七排长椅最左边的位置，在他身后再没有别人了。从这个地方可以看到"坚贞者"协会一大半成员的侧面，而比利·怀特则坐在后一排的最右边，监视着阿莱克斯的盲点。

他们的身后靠近门边是那个圣母像，果然如神父说的一样，下面摆满了乳白色的十字架，旁边还有个笔记本。今天来听布道的成员大约有五十多个，其中大部分是他们走访过的人。为了避免引起注意，阿莱克斯和比利选择在布道开始以后才进来。由于事先同奥立弗神父商量过，加上成员们大都对新来者抱着友善的态度，所以只是有两三个人多看了他们几眼，并没说什么。

长着漂亮脸蛋的神职人员正在讲坛上面大声斥责"淫欲"的罪恶，他白皙的双颊泛出红晕，眼睛发亮，如果没有那么歇斯底里，阿莱克斯会觉得他是一个可爱的家伙。不过在协会的成员看来，这个疯狂热爱上帝的神父可能更接近于天使，而且是拿着长剑战斗的伊甸园守护者米迦勒。

阿莱克斯从成员们的脸上能感觉到，狂热的宗教激情占据着他们的内心，很多人都无比专注地倾听马修·奥立弗神父的演讲，有激动的、有惭愧的、有露出微笑的、有忐忑不安的……不过阿莱克斯相信，无论如何他们看上去都是些普通人，都极其容易被煽动，在听过演讲以后或许真的会按照神父说的那样克制自己的生理欲望——不看色情杂志和录影带、不穿暴露的服装、不对妻子或丈夫以外的人产生欲望，甚至不跟配偶玩性游戏……当然更不能和同性发生超越"友谊"的情感。

当然这样也好，阿莱克斯自嘲地笑了笑，至少他们不会那么容易得艾滋病。

他望着灰眼睛的搭档，那个年轻人正努力不让自己露出痛苦的表情，并且偷偷地对照着名单辨认出没有调查过的人。阿莱克斯又看了下手表，指针已经走到了十五的位置，他知道莫里斯·诺曼或许正结束给学生的辅导朝这边赶过来。

"相信我，教友们，照我的话去做，因为我所说的都是上帝要求你们去做的。"神父悦耳的声音在空旷的穹顶下回荡，"如果这样，即使这个城市，甚至这个世界已经变成了所多玛和蛾摩拉①，那么主也会像救赎罗得②一样救赎你们。你们必须贞洁、善良，你们要做这世上的义人，你们不能变得懦弱，不能输给魔鬼的诱惑，否则地狱会毫不吝惜地多增添一个位置，而天堂的大门会关上……"

他的声音突然停下来了，蓝色的眼睛直直地转向门口。所有人都回过头去，看见一个高大英俊的绿眼睛男人快步走进来。他脸上挂着歉意的微笑，然后在阿莱克斯身边坐下了。

马修·奥立弗神父咳嗽了一声，脸色更加严峻，很明显他认出了这个新来的人，也很明显地变得更兴奋，当他继续布道的时候声音提高了不少。

"对不起，"莫里斯·诺曼凑近阿莱克斯低声说道，"该死的天气让我的轮胎打滑了，我想我明天就得把车送到修理厂去。"

"我很遗憾，博士，不过你还是来了，我非常感激。"黑色头发的警探微笑着握了握他的手。

---

① 所多玛和蛾摩拉：《圣经》中提到的两个城市，因城里的居民不遵守上帝戒律，充斥着罪恶而被上帝毁灭。罪恶之城的代名词。
② 罗得：《圣经》中记载，罗得是以色列人始祖亚伯拉罕兄弟哈兰的儿子。上帝要毁灭所多玛之前，派天使救出了被困的罗得一家。

"乐意为你效劳，警官。"

两个人的相互问候很快就中止了，因为奥立弗神父已经把布道扩展到了跟他们相关的问题上。

俊美的神职人员严厉地说道："教友们，我得再次提醒你们杜绝一项罪行，一种绝对不能容忍的罪行。我知道，你们其中的某些人可能跟同性有过亲密的关系，就像夫妻一样亲密。你们以为那是相爱的结果，但是回忆一下主是怎么说的：'人若与男人苟合，像与女人一样，他们二人行了可憎的事，总要把他们治死，罪要归到他们身上。'主把你们同万物分别出来，就是要求你们比其他的东西更加理智、更干净，只有洁身自爱的人才称得上是上帝的子民，同性之间的交合是污秽的，是堕落为兽行的死罪，这罪就跟乱伦、通奸一样恶心。你们可以在《利未记》中看到，主把它们并列在了一起。但我也要说，我们的上帝是仁慈的，他在等待你们改悔。想想抹大拉①，想想基督怎样拯救她，你们就会知道上帝的宽容……"

阿莱克斯再次觉得坐立难安，浑身像爬满了蚂蚁一样。

他听到过这样的话，那些尖利的责问曾经有段时间折磨得他快要发疯，但是现在他却不能像过去那样捂住耳朵一走了之。他有些神经质地用手指掐着掌心，然后把注意力放在前面的人身上。

见鬼的布道，他想，但实际上只要不去听就好了，自己是来工作的，

---

① 抹大拉：在《圣经》中以妓女形象出现，后来受耶稣赦免，成为了坚定的信徒，目睹基督上十字架，见证了耶稣复活。

就是这样……

"阿莱克斯,"莫里斯轻轻在他耳边说道,"别着急,我得给激动的神父大人泼点冷水了,现在你要好好注意周围的人。"

阿莱克斯点点头,看见他笑了笑,然后站起身来。

"请原谅,神父。"高大的男人打断了神职人员激情澎湃的演说,"我可以问您一些问题吗?"

这突如其来的询问让教堂中安静了片刻,所有人都转过脸来,看着这个忽然出声的人,或许在他们的活动中还从来没有人做过这种事。马修·奥立弗神父也非常意外,但是他仍然礼貌地说:"很高兴您能到这里来,诺曼博士,我乐意回答您的任何问题。"

莫里斯微微点了点头:"非常感谢,神父。您说上帝明示过,同性恋是罪恶,对吗?"

"是的。"

"我们的一切都是上帝赐予的,所以我们应该听从他,对吗?"

"是的,博士,这是毋庸置疑的。"

莫里斯·诺曼看阿莱克斯一眼,又直直地望向前方俊美的神职人员:"神父,您应该知道,我是一个同性恋。如果上帝诅咒我们的'罪行',他为什么又要把这样'罪恶'的欲望赐给我们呢?"

人群中发出了惊讶的声音,有人开始窃窃私语,有人露出惊讶又鄙夷的神色,还有一些人则低下了头去。

阿莱克斯望着身旁这个男人，他那么平常地站在他身边，就如同在参加一次轻松的鸡尾酒会，然后向主人询问几点钟了。那些各式各样的目光根本没有对他产生任何伤害，他坦然得没有任何遮掩，好像应该狼狈的是别人。这让阿莱克斯忍不住开始羡慕起来，他曾经也幻想过自己有一天可以这样做，但是却仍不敢想象现实中会遭遇到的一切，哪怕是一丝怀疑的目光。

　　马修·奥立弗神父张了张嘴，很快就从震惊中回过神，他尖锐地驳斥道："我以前就曾经跟您谈到过，博士，不要用'先天'这样的借口来掩饰！上帝创造人类的时候就是一男一女，他赐予人类的欲望是为了种族的延续，快感只是无用的附带品而已。"

　　"您是把做爱等同于生育行为，神父。别忘了，上帝不是把我们从野兽中分离出来了吗，他说过'我是耶和华你们的神，使你们与万民有别'，人类会有追求快感的欲望，但是也有爱情的结果……"

　　阿莱克斯对接下来的争论并不感兴趣，但他觉得在莫里斯·诺曼清晰的质问下，这教堂里沉重的道德天平终于可以稍微平衡一些，压得他不那么难受了。

　　他看着那些关注争论的"坚贞者"协会成员，不同的表情逐渐泄露了他们的内心，前面有好几个男人都紧紧盯着争论中的莫里斯·诺曼，他们的眼神中充满了迷惘。阿莱克斯可以很轻易地辨认出哪些人的心态跟自己一样。他们都小心地戴着面具生活，认为自己背负着罪恶，甚至想通过这样的宗教洗脑来改变性向……或许这压抑的愿望到了一定的程度反而会成为可怕的杀戮利器……

在晚上十一点的钟声敲响时，神父这次非同寻常的布道终于结束了，当然他和绿眼睛的副教授谁也没有说服谁，但是阿莱克斯能肯定这场唇枪舌剑倒是对"坚贞者"协会的某些成员产生了微妙的影响，有不同的意见当面打破神父的单一观点，也许会让他们中的动摇者自主思考。

黑发的警探和搭档亮出证件，记录下了各自发现的怀疑对象和生面孔，并要求他们留下联络地址。等人群渐渐散去，阿莱克斯走向圣坛，跟马修·奥立弗神父握手。

"感谢您的配合，神父。"他形式化地说，"很抱歉来打搅您。"

神职人员的漂亮脸蛋儿上还没有完全褪去红晕，光洁的额头有细密的汗水，蓝眼睛里保留着不服输的斗志。"这是我的义务，警官。"神父说，"我也希望能够早日抓到凶犯。但是我相信'坚贞者'协会里没有你们要找的人，一个虔诚的信徒不会是连环杀手。"

"我也希望是这样，可往往极端的狂热者也会变得很危险。"

"您会知道我是正确的。"马修·奥立弗神父自信地说，"我很期待这案子破获的那一天。"他又转头看了看站在圣母像旁边的高大男人，问道："诺曼博士是您的朋友？"

他把重音落在了最后一个词上。

阿莱克斯含糊地点点头："他是我们警方请来协助的专家，抱歉，或许他今天冒犯了您。"

"哦，不、不。"奥立弗神父连忙摇摇头，"他是一个有趣的辩论对手。以前我曾经为一个年轻人的事情跟他接触过，他彬彬有礼，非常和蔼。如果他不是那么固执地坚持自己的观点，或许我们可以成为朋友。真遗憾，他什么都好，可那一项罪恶就会把他拖入地狱……"

"啊，神父。"阿莱克斯有些不自在地阻止这个男人继续说下去，"我们得走了，您也需要休息了，如果有进展我们再联络您。"

"哦，再见，警官，如果有需要帮助的地方请尽管告诉我。"

"好的。谢谢您，神父。"

阿莱克斯穿过长椅，叫比利·怀特记得明天去警察局查查今晚记下来的那些人，然后跟他告别，又走向莫里斯·诺曼。

他来到高大的绿眼睛男人身边，看到他正盯着一样东西。

"怎么了，博士？"阿莱克斯探发现圣像下除了那个笔记本，还放着一条乳白色的十字架。他顿时皱起眉头："有人散场的时候忘记拿走自己的了？"

"我不知道。"莫里斯·诺曼回答说，"我原本在这里等你，刚才出去的每个人都经过我身边，带走了属于自己的十字架，我没有见到有人遗漏。"

"你是说平白无故地多出来了一个十字架？"

"不只这么简单，你再仔细看看。"

阿莱克斯诧异地弯下腰，立刻睁大眼睛：这个十字架上的耶稣已经被人切下了头！

他后退一步，脸上充满了惊骇，又飞快地看看神父——那个男人正在收拾圣坛上的东西，调暗灯光，没有注意这边的情况。阿莱克斯掏出手帕把十字架包起来，放进口袋，然后和莫里斯·诺曼快步走出教堂。

"这是什么？"浅棕色头发的男人担心地问，"阿莱克斯，是有人故意放在那里的吗？会不会是恶作剧？"

黑发警探摇摇头："我不知道，博士。"

"我看到它的时候只觉得蹊跷，这应该不是基督徒的东西。有可能是凶手送来的吗？"

"不能草率地下判断，莫里斯。"

阿莱克斯并不想告诉他，这东西确实有可能是凶手送来的警告！如果真的如此，那说明他的行动已经被凶手了解了，这是非常严重的事情。而且他现在还不能把心中糟糕的猜想表现出来，这样会加深莫里斯和他自己不安。

从大约三十码长的林荫道走出来，他们又回到了喧闹的大街上。雨变小了，轻柔得像丝线一样，湿漉漉的地面倒映着晕成一摊模糊色彩的霓虹灯。阿莱克斯把按着十字架的手从口袋里掏出来，然后平复紧张的心跳。

他做了个深呼吸："还是外边的空气比较好，我刚才差点闷死了。"

莫里斯·诺曼耸耸肩："瞧，我告诉过你听奥立弗神父的布道是场折磨。"

"我很感谢你让中间的过程变得有趣些了。"阿莱克斯看了一眼莫里斯·诺曼的车——它的引擎盖凹下去巴掌大一块儿，左边的车灯也坏掉了，"噢，看起来你遇到的麻烦不小。"

"转弯的时候不小心弄的。"博士笑着说，"别担心，不严重。"

阿莱克斯打开车门："你现在可以打电话给夜间修理厂，然后我送你回去。"

莫里斯·诺曼只犹豫了一秒钟便点点头："好的，阿莱克斯，非常感谢。"

"不，其实我才该这样说。"黑发的混血儿想了想，又走近那个男人身边，"莫里斯，今天晚上我想我大概明白了你以前说的话。"

"哦？是什么？"博士饶有兴趣地看着他。

"关于'诚实'地面对自己。"阿莱克斯顿了一下，"你很勇敢，莫里斯，这真让我羡慕。我很佩服你能那样面对神父。"

绿眼睛的男人大笑着摊开双手："太好了，这可以成为你爱上我的契机吗？"

能够再爱上一个人，确实是件幸福的事情吧？阿莱克斯也笑起来。

第二天回到警察局以后，阿莱克斯把十字架交给鉴证科化验，他告诉佩蒂·福兰克林他要关于那玩意儿的一切，而金发的女化验员则把一张报告单放在他手上。

"这是什么？"他看不懂那一串专业术语。

"纤维成分分析，我的探长。"金发女郎亲昵地搭着他的肩膀，"这是我们在装尸体的旅行袋上发现的，是劣质的棉纱。"

阿莱克斯脑袋里闪过一个熟悉的东西，他吃惊地看着佩蒂，后者挑高眉头："是的，探长，就跟当初我们在爱德华·班特指甲里发现的棉纱成分一模一样。哦，对了，我还可以告诉你，虽然当初我们怀疑那是死者自己身上的棉质衣物留下的，不过经过对比却发现并非如此。爱德华·班特的衣服染过色，是高级的120支棉，而那段棉纱却是和这次发现的完全相同的20支棉。"

"不是做衣服的？"

"不是，倒很像医用纱布。"

阿莱克斯愣住了："这说明了什么呢？"

女化验员拍了拍他的脸："亲爱的探长，这至少更进一步证明了凶手是同一个人。"

"是啊，真是好消息。多谢了，佩蒂。"

黑发的男人苦笑着收起报告单，走进旁边的办公室，比利·怀特正站在打印机旁边把一叠资料整理好。

"长官，昨晚那些人的基本情况都在这里了。"灰眼睛青年把资料递给他，"一共十个人，其中有四个是我们查过的，还有六个是笔记本上的匿名人士。昨天晚上神父开始布道的时候他们都还挺正常，不过当诺曼博士进来来后反应就不一样了。他们应该都有性向上的问题，而且不大愿意承认，但是我觉得有两个家伙的嫌疑尤其严重。"

"让我看看。"阿莱克斯粗略地翻了一下，"哦，雷蒙德·史蒂文森和罗伯特·鲍威尔，他们都有犯罪记录。"

"是的，一个猥亵男童，被判三年监禁；一个为报复自己变心的男朋友而故意伤人。"

"真是不错。"阿莱克斯笑了笑，"他们加入'坚贞者'协会是为了改邪归正呢，还是为了寻找猎物？"

"长官，咱们要先去调查他们吗？"

"是的。哦，对了，知道昨天晚上我在教堂里得到什么吗？一个被切了脑袋的耶稣——"阿莱克斯刚想把关于十字架的情况告诉他的搭档，门口就有个警员就探进半个身子。

"打搅了，阿莱克斯。"

"啊，你好，埃里克，什么事？"

警员指指上面："老鲍勃要你和比利马上去的他的办公室，FBI的人来了。"

阿莱克斯看了看手上的资料，叹了口气："谢谢，埃里克，我马上去。"

CHAPTER 9
FBI 女探员

阿莱克斯推开鲍勃·威尔逊办公室的门，脸上的表情并不好。他线条优美的面孔像罩了层寒冰，墨蓝色的眸子里有一丝难以掩饰的烦躁。

其实这样的表现很幼稚！

阿莱克斯明白，无论他怎么不情愿，都没有办法阻止FBI的插手，他们有这个权力。同时他也更加清醒地认识到，他真的很想自己独立破获目前一连串的断头凶案，并且这样的念头越来越强烈。他说不清原因，可心底阴暗的角落里却藏着一个想法：如果凶手真的是"坚贞者"协会的成员，那么憎恶同性恋的马修·奥立弗神父或许就会发现他主张的宗教救赎不过是一堆废话！而到了那个时候，黑发的男人也可以给自己稍稍松绑了……

"早上好，阿莱克斯。"肥胖的老鲍勃严肃地坐在办公桌后面，看到他进来以后起身介绍到，"我希望你认识一下爱米丽·维森探员。她作为FBI的特派员，将全面参与你现在负责的连环凶杀案。"

旁边一张椅子上坐着一个身穿职业套装的年轻女子，她三十岁左右，有一头漂亮的褐色长发，打着卷儿披散在肩头，美丽的脸蛋长得很像著名影星"美国甜心"梅格·瑞恩,不过蓝色的眼睛里却带着那位甜心所不具备的锐利。

"你好,阿莱克斯,真高兴又见到你了。"女探员大方地向他伸出手。

老鲍勃惊讶地笑了:"原来你们认识。"

"是的,曾经在一次联谊酒会上见过。你好,维森探员。"黑发男人含糊地说,跟她握握手,然后介绍身后的灰眼睛青年,"这位是我的搭档,比利·怀特警官。"

"很高兴认识你。"爱米丽·维森甜蜜地一笑,比利·怀特忍不住露出"真是好运"的表情。

"请坐,先生们。"老鲍勃对他们彼此的客气态度都很满意,"阿莱克斯,你给维森探员说说现在的进展吧。"

混血警探简单地介绍了案情,然后说起关于"坚贞者"协会的情况。他不是很想把自己已知的一切全盘托出,这样的抵触情绪虽然不大明显,但还是让美丽的 FBI 探员觉察了出来。她在阿莱克斯讲述完毕以后点点头:"我明白了,探长,你的意思是,现在你认为凶手一定是熟悉'坚贞者'协会的人,所以把注意力重点放在调查其成员的身上,是吗?"

"对,原本今天我们就要开始第二轮排查的。"阿莱克斯解释道,"从已经发生的案件来看,丹尼斯·肖恩其实是第一个受害者,接下来是爱德华·班特和克里斯·里切路卡雷。三个死者都是协会成员,相同点很多:一样的年轻英俊,一样的品行良好,都是异性恋,没有复杂的人际关系。

从凶手挑选的作案对象和作案方法来看，他偏好这种类型的人。我们推断他是一个年轻强壮的男性，是同性恋，并且有偏执狂的心理特征，所以他也一定会继续寻找目标，很可能还是针对'坚贞者'协会的成员。因此我们进行了筛选，罗列出其中具有受害者特征的人，然后逐一访问，必要的时候会派警员保护。而且我们也把协会成员中具有嫌疑犯特征的人都甄别出来了，正要开始调查。"

"看来我的到来让您的进程受到了一点阻碍。"爱米丽·维森用轻松的口气说道，"那好吧，虽然我已经看过这三个现场的分析报告，但是还遗漏了一些新东西，我可以先读读那些材料。我不想打搅您太多的时间，但是希望您在结束今天的调查以后能够尽快赶回来，那时候我会再向您具体地询问一些情况。"

"非常乐意，维森探员。不过今天或许会拖得很晚，我不知道——"

"哦，没关系，我就待在警察局。威尔逊督察给我临时安排了一个办公室。"

她红润的嘴唇上带着微笑，阿莱克斯只好硬着头皮答应了。当他告辞出来的时候看到比利·怀特羡慕的眼神，一时间真有些哭笑不得。

他们开车上路时年轻的搭档还一直在他耳边感慨。"哦，天啊，长官，真没想到。"灰眼睛青年兴奋地说，"看看 FBI 纽约外勤部的人多好，他们给我们派了一位甜美的女士，这太棒了！我今天听到消息的时候还在想，如果他们派来的人长得跟老鲍勃一样该怎么办？他发脾气的时候唾沫星子能打湿我的衬衫,现在看起来我们非常走运。"

"我倒宁愿他们派阿诺·施瓦辛格。"阿莱克斯没好气地转动着方向盘,"你如果知道这位探员小姐是犯罪心理学专家,而且曾经徒手打倒四个身高超过六英尺的男人,或许就不会那么说了。"

比利·怀特顿时瞪大了眼睛,然后干笑道:"啊,是的,您认识她。"

"在匡迪科认识的,我曾经是她的自由搏击对手,那次我的左臂脱臼了。"

车厢里安静了片刻。

阿莱克斯看了看比利·怀特抽动的脸部肌肉,转移了话题。他告诉搭档,昨天晚上布道结束以后,他和诺曼博士发现多出来了一个十字架,而且那十字架上的耶稣被切掉了脑袋。

比利·怀特很快把美貌的女探员抛到脑后,他皱着眉头问道:"长官,您刚才在陈述案情的时候没有说这件事。"

"对,因为我今天刚刚把十字架交给鉴证科化验,没有结果的时候什么都不能说。"

"您觉得是凶手的恐吓吗?"

"很有可能。"阿莱克斯点点头,"还记得'坚贞者'协会那本遗失的通讯记录吗?我现在猜想是有人故意拿走的,而且笔记本丢失的时间和丹尼斯·肖恩死亡的时间非常接近,这让我怀疑杀死肖恩的和拿走笔记本的是同一个人。要是那个十字架上能检验出肖恩的 DNA,就说明凶手就是从他身上取走的十字架，然后保留下来，在适当的时候送到教堂里。"

"他为什么要这样做？"比利·怀特说道，"难道仅仅是为了吓唬咱们？"

阿莱克斯摇摇头："恐怕更糟糕。如果凶手不是协会内部的人，却在这段时间一直保留着十字架，那么他很可能来参加过神父的布道，并且在布道的时候找到了他需要的人，爱德华·班特和克里斯·里切路卡雷。"

"如果他是协会内部的人呢，长官？"

"那他偷通讯录更加容易，但是保留十字架的动机却有些摸不透。"阿莱克斯笑道，"不过，我们可以注意一下这些人谁的身上有纱布包扎过的伤口。哦，第一个是雷蒙德·史蒂文森，对吗？他昨天晚上好像是坐在右边的第四排长椅上。"

"啊，啊，是的。"年轻搭档翻开资料，"他住在迪根高速公路附近，在一家超级市场当夜间收银员，所以现在应该能找到他。"

阿莱克斯皱着眉头说道："一个猥亵男童的家伙，按照常理来说，这种人没胆子去对一个成年男子下手。比利，也许他不是我们要找的人。"

雷蒙德·史蒂文森，三十五岁，一看就是那种懦弱而抑郁的人。他被铃声惊醒后顶着一头鸟窝似的乱发打开门，用疑惑而恐惧的目光看着外面的两个男人，在阿莱克斯向他亮过证件以后他显得更加紧张了。

"我最近很安分，警官。"这个男人忙不迭地说，"我可什么也没干，我发誓。我出狱以后很珍惜自己的自由，我已经全改了……"

阿莱克斯连忙冲他笑了笑："别紧张，史蒂文森先生，我们只是来就一个案子向您询问一些问题。"

"啊，是吗……当然了，当然了，我很愿意效劳。"这个瘦高个子的男人谦卑地笑着，让他们进来了。

屋子里的摆设还算整齐，但垃圾桶里的过期食品散发着陈腐的味道，比利·怀特忍不住咳嗽了两声。雷蒙德·史蒂文森挪开沙发上的衣服，请他们坐下。阿莱克斯点点头，而他的搭档则开始打量着这间窄小的屋子。

阿莱克斯掏出三位受害者生前的照片摆在头发蓬乱的男人面前，问道："您认识他们吗，史蒂文森先生？"

"啊，是的，有些……有些面熟……我想我见过。"

"在什么地方见过？"

雷蒙德·史蒂文森的目光闪烁："我不记得了，可能是我在工作时碰上的顾客。"

阿莱克斯又拿出一条乳白色的十字架："史蒂文森先生，那您熟悉这个吗？"

这个男人的脸上更加忐忑不安："啊，您是说它吗？我……我有一条……好像跟您这个挺像……"

"您加入过马修·奥立弗神父创立的'坚贞者'协会，对不对？"

"警官，那只是一个宗教组织！"雷蒙德·史蒂文森辩解道，"请相信我，我没干任何坏事，我只是想在那里找到点儿平静，我发誓我什么也没——"

"好了，好了，冷静点儿。"阿莱克斯连忙安抚道，"别这样，雷蒙德，我说过我们只是来向您询问一些问题，并没有指控您犯罪，您只需要老实地回答就行了。我们不会对您做什么的。"

这个男人终于放松了一些，他吞了口唾沫，又看了看桌子上的照片。"我想我只认识这个人，"他指着爱德华·班特的照片说，"我们都是那个协会的成员，所以聊过几次。"

"聊些什么？"

"是关于性向上的事情。您知道，警官，我对男孩儿很有——呃，很有好感。我觉得糟糕透了，所以加入了奥立弗神父的协会，他帮助我们改正这些毛病！班特先生坐在我旁边，他年轻、英俊，所以……所以我忍不住跟他攀谈过几次。"

"他的态度呢？"

"他是个好人，非常热心。他鼓励我抛弃过去的恶习，而且还愿意成为我的朋友。他对每个人都很亲切，所以很多人都乐意跟他保持联系。"

"你的意思是，协会里其他人都和他关系不错。"

雷蒙德点点头："是这样，他们常常约他出来谈心，他也从来不拒绝。我很感谢他……"

阿莱克斯皱起了眉头："你是说他会和成员们单独见面？"

"是的，警官。不过都是很正常的互助交往，这也是神父倡导的，他说这样是让我们相互鼓励,我觉得很管用。这让我发现自己并不孤独,而且……而且有勇气重新开始健康的生活。"

"你们用什么联络?"

"班特先生只留下了他的手机号码。他说他和未婚妻住在一起,他不想让她以为自己对婚姻有所动摇,因此把参加协会的事情隐瞒了。"

"谢谢,史蒂文森先生。"

阿莱克斯站起身向他告别,这个男人惶恐地站起来:"警官,我……我希望我没惹上任何麻烦。您看,我已经找到了一份正当的工作……"

阿莱克斯露出微笑:"请放心,史蒂文森先生,您现在是一个守法的公民,是我们保护的对象。您是个勇敢的人,比我还要勇敢,您可以继续做您自己的事了,不用担心。"

他再次向这个十分配合的男人表示感谢,乱发下面的那张脸终于安定下来,松了口气。

黑发警探和他的搭档从公寓楼里出来,比利·怀特报告道:"我没发现什么可疑的地方,长官。这就是一个缺少女主人的单身汉的房间,除了很凌乱以外倒没什么奇怪的地方。而且我观察了雷蒙德·史蒂文森的四肢和身体的裸露部分,没有看到包着纱布绷带的。"

"是的,比利。"阿莱克斯在口袋里摸索着车钥匙,"他那样的人不会有勇气剁下三个男人的头。"

"接下来呢,长官?是不是该去找罗伯特·鲍威尔?"

"对。你来开车。"阿莱克斯把钥匙丢给灰眼睛青年,然后坐到副驾驶座位上,掏出手机给鉴证科的化验员打了电话:

"帮个忙好吗,佩蒂?请告诉亚当帮我查查爱德华·班特在临死前一周内的所有电话……丹尼斯·肖恩和克里斯·里切路卡雷?哦,是的是的,当然也需要……嗯,是的,统计出重复的号码,特别是在他们死亡前24小时内的……非常感谢,佩蒂,你真是个天使,我会报答你的。当然,如果十字架的化验结果出来了也请一起给我……啊,再说吧,我的手机快没电了。"

把事情交代完毕,那可怜的电话发出嘟嘟的声音,然后自动关机了。阿莱克斯却笑着敲了敲下巴,墨蓝色的眼睛里露出少见的愉快神情。

再回到警察局的时候已经是晚上八点了,阿莱克斯和比利·怀特一天总共走访了六个人,大体上还算顺利。但最让他们失望的是,罗伯特·鲍威尔虽然看上去非常符合凶手的诸多特征,但是对于爱德华·班特和克里斯·里切路卡雷的死,他有不在场证明——因为他是一个银行保安,他们的工作时间都记录在案,并且还有录像。阿莱克斯注意到他的手指关节擦伤了,有绷带包扎过的痕迹,因此采集了他的指纹和唾液样本。这个孔武有力的男人并不像雷蒙德·史蒂文森那样好说话,最后阿莱克斯保证不给他的工作带来麻烦,才赢得了他的信任。可惜他对三个受害者没有什么印象,这大约是因为他加入"坚贞者"协会的时间只有半个月。

在比利·怀特回家以后，阿莱克斯赶回自己的办公桌，拉开抽屉，果然看到了佩蒂·富兰克林留给他的礼物。他把这份电话记录和十字架的化验报告放进口袋里，刚要离开，忽然想到自己还应该去见一个人。

他的脚还没动，那个人就出现在了门口，朝他微笑着。

"如果不是听说你要回来拿这份记录，我会以为你在故意躲避我。"爱米丽·维森探员笑着站在五码外的地方问道，"阿莱克斯，我怎么不知道咱们第一次见面是在什么联谊酒会？"

黑发的混血儿有些尴尬地笑笑："抱歉，爱米丽，我只是不想让老鲍勃太吃惊。"

漂亮的女士走近他，在椅子上坐下："哦，是这样吗？我还以为你仍旧记恨着那次糟糕的自由搏击练习呢。"

阿莱克斯看着她慢悠悠的样子，在心底暗暗叹了口气，重新在自己的座位上坐下。

"看起来你对工作仍然很投入。"美丽的女探员注视着他，"今天的情况如何？"

"有一些新的证据，不过进展不大，真正的突破点还没发现。"

"我相信你能行，阿莱克斯，你一直非常努力。我接到这个案子的时候，鲍勃说其实你应该能够对付，不过他也觉得这两年你生活出了问题，一直都不怎么顺利，可能会影响你的情绪。"爱米丽·维森深深地吸了一口气，似乎在选择用词，然后才轻轻说道，"事实上，我听说你离婚了。"

阿莱克斯脸上抽动了一下,他很快淡淡地点点头:"是的,我觉得芬妮……我们俩不大合适,分开会更好些。"

"我很遗憾,阿莱克斯,我记得两年前你们俩出席酒会的时候,看上去很般配。"

"婚姻的真相不是外人能看到的。"

爱米丽·维森弯起嘴角:"是的,阿莱克斯,你说得很对。什么时候咱们俩一起去喝一杯吧?就作为你在那次酒会上拒绝我的补偿。"

黑发的警探为难地叹了口气,很想摇摇头,但是美丽的FBI探员紧跟着便凑到他面前,伸出修长手指晃了晃。

"别说'不',先生,千万别说,那可是我第一次请人跳舞,也是唯一一次被男士拒绝。"

阿莱克斯笑了,他对这样强势的女性几乎没有任何办法。"好吧。"俊美的混血儿同意了,"不过得等我们结束这个案子,好吗?我相信你不会公私混淆的,爱米丽。"

褐色头发的女人满意地坐下,嘴唇上挂着狡黠的笑意,蓝色的眼睛里却充满了温柔的神色。

阿莱克斯有些无奈——

他想到了两年前的时候,芬妮被一个同事邀请了,而这个女人就穿着一套绿色的晚礼服站在自己面前。"请我跳个舞吧,李警官。"她这样说,"我想我爱上你了……"

[小水手 CHAPTER 10]

阿莱克斯·李回到家的时候是晚上九点多钟了。

他没有跟爱米丽·维森聊得太久，虽然他乐意把案情向她做详细的说明，并汇报新的进展，但希望是比利·怀特和老鲍勃、或者其他人也在场的情况下。爱米丽·维森是个聪明的女性，独立而且能干，也拥有足够的耐力和韧性，这在工作上来说是非常好的品质，但是如果牵涉到情感上可能就会产生负面效应。

阿莱克斯洗过澡，打开了沙发旁的灯，然后坐下来看着佩蒂·福兰克林给他的材料。

在三个死者的通话记录中重复的电话号码都已经被标注了出来，特别是案发前24小时内的，字体选择了显眼的红色。阿莱克斯把它们在纸上排列成行，很快就注意到除了特殊的服务电话外，其中只有一个号码是相同的。

"212-487-1270。"他用笔尖点着这串数字，自言自语，"看上去像是Verizon公司的移动电话号码。"

阿莱克斯用笔画了一个着重符号，决定明天去追查这个电话，他正要开始读十字架的化验报告，忽然听到一阵门铃响。

阿莱克斯有些诧异地起身，他想不出这个时候谁还会来找他——

门外是一个高个子的年轻人，他穿着一件橙色的马甲，戴着颜色相同的鸭舌帽，手上提了一摞方方正正的大纸盒子。

"您好，"他笑着问道，"是阿莱克斯·李先生吗？"

"是的，"黑发的男人看见了看他衣服上的快餐店标签，"对不起，我没叫外卖。"

青年退后一步望了望门牌："这里是布鲁克林第八大道2号27楼01室吧？"

"没错，但我没有——"

"哦，这个我可管不着，反正有人让我来给您送吃的。一共5美元15美分，谢谢。"

他正要蹲下来抽出那些比萨盒，电子语音报数的声音在走廊上响起，一个浅棕色头发的男人从电梯里走出来，莫里斯·诺曼高大的身影意外地出现在他眼前。

"阿莱克斯！"这个绿眼睛的男人看着面前的情况奇怪地问道，"你在做什么？"

"啊，晚上好，莫里斯。"黑发男人耸耸肩，"我正在告诉这伙计我不饿。"

博士皱着眉头看了看送外卖的青年，然后解释道："哦，是我叫的，我担心你还空着肚子。"他掏出皮夹，"意大利比萨对吗？多少钱？"

青年人愣了一下，随即又重复了一遍价钱，然后收下纸币放进口袋里，将上面的那一个盒子递给他。

阿莱克斯感激地冲莫里斯·诺曼笑了笑，请他进屋。

"真没想到这个时候你还会过来。"阿莱克斯为他的客人倒了一杯果汁，"随便坐吧，你看上去很热。"

"我的车还在修理厂。"莫里斯·诺曼露出沮丧的表情，"所以我就租了一辆自行车代步，正好也能锻炼一下我松弛的腿部肌肉。"

阿莱克斯挑高眉头，他知道这个男人的身体状况好得足以媲美运动员："行了，莫里斯，你的腿很结实。告诉我，为什么这个时候到我家来？"

"哦，我打你的手机一直关机，我就来看看。"莫里斯·诺曼解释道，"我想你肯定很忙，也不知道你是否还没吃晚饭。听着，阿莱克斯，我最近比较空闲，如果你的案子很麻烦，我可以随时提供帮助。"

黑发男人的表情变得柔和了，他注视着莫里斯·诺曼的眼睛，在他身边坐下来。

"谢谢，博士，我今天只是手机没电了。"混血警探搭上他的肩膀，轻轻地说，"放心吧，现在我很好，我们已经有不少发现了，很快就能捉住那个家伙。"

"当心点儿,警官,虽然越快破案越好,可是也别太拼命了。"

"谢谢你,博士,我会记住的。"黑发的男人转身去了厨房。他拿来了刀,又打开比萨盒子,"如果不介意的话,咱们一起吃点儿吧。知道吗,中国人管这个时候吃的东西叫做'消夜'。"

"有意思。"莫里斯·诺曼微笑着帮他把面前的那些资料收起来挪开,看了一眼,又笑道,"我猜你一定常常省略晚餐直接吃'消夜',是吗,警官?我来提醒你恢复正常生活规律果然是正确的。"

"哦,只是一些可疑的电话号码,我很快就看完了。"阿莱克斯辩解道,"而且,我也是吃过晚饭的。"

"路边的劣质火腿?"浅棕色头发的男人摇摇头。

"其实是劣质薯条儿。"阿莱克斯笑着打开比萨盒子,莫里斯·诺曼却发出懊恼的声音:"噢,真该死,我告诉过他们别加芥末和辣椒,你的胃不好。"

"有什么关系?"黑发的男人愉快地切割着盒子里的比萨,分给了客人一块,"博士,我偶尔还是能够接受刺激性食物的。你还记得我的饮食习惯,这很让我感动。"

"我真不该给那小子钱。"莫里斯·诺曼叹了口气,"阿莱克斯,下次我给你做点羊肉通心粉好了。"

"我很期待,博士。"

阿莱克斯轻轻咬了一口手中的食物,一股辛辣的味道从舌尖蔓延开,模糊的"家"的概念又变得清晰起来。

阿莱克斯记得在之前的那次婚姻中，他为了减少和芬妮见面的压力，常常借口工作的原因而待在警察局里，直到丹尼尔出生以后才稍微好些。但是他们的家却变得日渐冷清，很多次当阿莱克斯深夜回去的时候，房间里的灯都熄灭了，他便到客房里去睡一个晚上。

现在阿莱克斯渐渐觉得，那些冰冷的记忆确实损害了自己对于家庭的概念。家庭原本应该和他童年经历过的一样，有热腾腾的三餐和橘黄色的灯光，还有亲人的笑脸。他走了很大的一个弯路，伤害了芬妮和父母，还有丹尼尔。他真希望如今自己还有重新建构家庭的资格。

黑发的混血儿慢慢咽下了嘴里的比萨，犹豫地开口道："呃，莫里斯，有件事情……我想……"

"嗯？"绿眼睛的博士笑眯眯地抬起头。

阿莱克斯正要告诉莫里斯·诺曼自己其实很愿意他常常过来，一阵恼人的电话铃声便打散了这个男人好不容易聚集起来的勇气。

"啊，是我的手机，正在充电呢。"

阿莱克斯有些狼狈地说了一声，然后急急忙忙走到卧室里，好像在躲避莫里斯·诺曼的视线。几分钟后，黑发的男人脸色大变地冲出来，手忙脚乱地套上衣服。

"怎么了？出了什么事？"莫里斯·诺曼惊讶地问道。

阿莱克斯墨蓝色的眼睛充满了少见的焦灼，完全失去了冷静。"我得马上去医院。"他叫道,"芬妮来电话说丹尼尔生病了!"

莫里斯·诺曼顿时严肃起来,他拉住阿莱克斯的手臂:"我陪你去。把钥匙给我,我来开车。"

洁白的走廊上人很稀少,因为快晚上十一点了,儿科的小病患们大多在睡觉,所以也特别安静,除了偶尔推着东西的护士,只有个别家长和查房的大夫轻手轻脚地路过。

在这样的条件下,气喘吁吁赶来的两个男人立刻显得有些不和谐,他们勉强平复急促的呼吸,然后找到走廊尽头的一间单人病房。阿莱克斯稍微整理了一下凌乱的衣服,轻轻推开门。一个身材娇小的黄头发女人正背对着他们,抚摸病床上的孩子。

"芬妮……"阿莱克斯低声叫她。

那女人转过头,把手指竖在唇边,然后又看了看孩子,这才走出来。她长得并不算特别漂亮,但是丰满的嘴唇和窈窕的身材看上去非常性感。她黑色的眼睛有些泛红,似乎刚刚哭过。

阿莱克斯焦急地向前妻问道:"丹尼尔怎么了?"

芬妮·波顿深深地吸了一口气:"急性肠胃炎,他今天晚上开始呕吐、腹泻。"

"现在呢?"

"好多了,医生给他用了二甲基硅油栓剂,他止住了呕吐,然后喝了补液盐水，腹泻慢慢停下来了。"

阿莱克斯绷紧的神经这才放松："谢天谢地，那就好。"

芬妮·波顿绞着双手："我只是被吓坏了，很抱歉这个时候打搅你和你的……朋友。"她蓝色的眼睛转向了阿莱克斯身后的高大男人。

"啊，请原谅。"阿莱克斯犹豫了片刻，然后介绍到，"这位是莫里斯·诺曼博士，他开车送我过来的。莫里斯，这是芬妮·波顿太太。"

第一次见面的两个人客套地问候了彼此，阿莱克斯却关注地看着病房里，问道："芬妮，丹尼尔为什么会突然生病？"

他的前妻为难地看了莫里斯·诺曼一眼，对阿莱克斯要求说："我们到那边去谈吧。"

混血警探朝他的同伴露出歉意的表情，那个男人却并不介意。他友好地微笑着，朝病房里偏偏头："哦，我可以去看看那个小病人吗？或许他会需要人陪伴。"

芬妮·波顿的脸色缓和了一些。"当然可以，"她说，"谢谢您帮我看护他一会儿，诺曼博士。"

走廊的尽头有一小块空地，摆放着饮料机和塑料长椅。阿莱克斯为自己和芬妮·波顿买了两杯果汁，然后一起坐下来。

他仔细地询问儿子得病的原因，芬妮显得很内疚。她耸耸肩："我想我是忙昏了头。钟点女佣生病了，我又得做完剩下的设计图……天哪，一切都乱套了，我根本不知道丹尼尔什么时候溜到冰箱那里去的！他很喜欢巧克力冰淇淋，你知道，他坐在地上吃个不停……"

黑发的男人看到前妻手上新的结婚戒指，又移开了目光。"杰克在哪儿？"阿莱克斯问道，"他至少应该照顾好你们。"

"他去芝加哥出差，得一星期后才能回来。"娇小的女人低头摩挲着手中的易拉罐，"丹尼尔开始呕吐的时候，怎么也止不住，我确实吓得够呛。阿莱克斯，我原本没有想过麻烦你——"

"芬妮！"警探用尖锐的口气打断了她的话，"难道你忘了我还是丹尼尔的父亲？！"

气氛变得有些紧张，黄色头发的女人抬起头看着阿莱克斯，她似乎觉察到他一瞬间的不悦，但并没有认为自己说错了什么。她作了个深呼吸，低声说道："你应该明白，阿莱克斯，我们现在都有了新的生活，我是这样，你也是……我们没有必要再有过多的联系……丹尼尔……他需要一个正常的成长环境。"

黑发的男人用力捏扁了手中的易拉罐，苦涩地问道："告诉我，芬妮，我就那么不可原谅吗？"

芬妮·波顿的脸上出现了难得的尴尬，她踌躇了一会儿，却什么也没说，直到黑发的男人忍不住站起身，她才试探着开口："我得回家去完成剩下的工作，明天必须交给公司，这很重要。阿莱克斯，我希望你能陪丹尼尔到明天早上，可以吗？"

"为什么不行？"警探挤出一丝苦笑，"毕竟我还是丹尼尔的父亲！芬妮，希望你无论如何都记住这一点。"

他扔掉手里的果汁，没有再看他的前妻一眼，径直朝儿子的病房大步走去。

在橘黄色的灯光下，粉红的单人病房显得温暖又可爱，当阿莱克斯悄悄进去的时候，惊讶地看到莫里斯竟然和床上的小病号开心地聊着。丹尼尔已经醒过来了，他乏力地抱着一只泰迪熊，圆圆的脸蛋儿有些苍白，但是墨蓝色的眼睛依旧那么明亮。在看到阿莱克斯以后他愣了一下，随即高兴地叫道："嗨，爸爸。"

"嗨，我的小水手。"阿莱克斯用柔软的声音招呼他，然后在莫里斯·诺曼的身边坐下来，"你感觉怎么样？"

"肚子还有点儿痛。"男孩儿用胖乎乎的指头点点腹部，"不过莫里斯说它正在好起来。"

阿莱克斯挑了挑眉毛："莫里斯？"

"我们已经互相认识了。"绿眼睛的男人微笑着转过头，"丹尼尔现在和我是朋友，我给他讲故事，他给我介绍了哈里。"

男孩儿展示着泰迪熊肚子上的一条缝隙："是啊，我告诉莫里斯上次哈里这儿都裂开了，妈妈给它缝起来的时候，它也很疼，就和我现在一样。"

阿莱克斯笑起来："我敢肯定它没哭。"

男孩儿很骄傲地点头："是的，它很勇敢，就像我。"

阿莱克斯探过身子吻了吻儿子的额头："我为你骄傲，小水手。"

丹尼尔的脸颊泛红，他注视着父亲，赧然地问道："你为什么很久没来看我？爸爸，我很想你。妈妈总是说你很忙……"

"啊，是的，我很忙，真抱歉。"阿莱克斯难过地握住他的手，"我是警察，丹尼尔，我每天都在跟罪犯们周旋。我得把他们一个个送进监狱，然后让你这样的孩子安心睡觉。"

"我也为你骄傲，爸爸。"

"快点儿好起来，小水手。只要你出院了，我就让你戴我的警徽。"

男孩儿的眼睛亮了一下："你保证？"

"我保证。"

男孩儿发出短促的欢呼，然后又拉住阿莱克斯的手："你可以先陪陪我吗？就一会儿……妈妈说她得回一趟家，我……我可不是害怕，我只是想和你多待会儿，爸爸。"

黑发的男人觉得心底有些发酸，他努力微笑着对儿子说："没问题，我今天整个晚上都可以陪着你。"他又看了看旁边的莫里斯·诺曼，"不过我得先送你的新朋友出去，好吗？"

可是那个男人却连忙摇摇头："不，不，阿莱克斯。我想丹尼尔也许不介意多一个人陪他，是吗？"

阿莱克斯愣住了，但病床上的男孩儿很开心："太好了，莫里斯，你还能给我讲故事，对吗？"

"当然，可不是现在。"博士摸了摸他的头发，"如果你能够乖乖睡一觉，我会有很多故事奖励你。"

丹尼尔晃晃小脑袋："好的，不过你可以先讲给我爸爸听，如果他能记下来，将来还可以告诉我。莫里斯，你也是我爸爸的朋友，对吗？"

"当然，小水手，所以我已经把一些故事先储存在他那里了，就像银行一样，等你想听的时候就可以找他。"莫里斯眨眨眼睛，"我猜你妈妈一定知道号码，你可以问问她，然后多给爸爸打电话。"

男孩儿很高兴地说他一定会的，然后终于在父亲的安抚下沉沉入睡了。

阿莱克斯给儿子盖好毛毯，小心地放好他插着吊针的手臂，摸了摸他的头发。男孩儿抱着泰迪熊，满足地闭着眼睛，细腻的肌肤在灯下有层金黄色的光泽，就如同一个天使。

黑发的男人静静地看了好一会儿，才和莫里斯·诺曼走出病房，在最近的长椅上坐下。

"谢谢。"阿莱克斯对身旁的男人说，"博士，其实你不用留下来的，我一个人就可以了。"

"我明天上午没有课，阿莱克斯，不用担心。"

"可是——"

"我很愿意为丹尼尔做点儿事情。"莫里斯·诺曼回头看了看病房虚掩的门，"他比照片上还要可爱，而且比我预想的还要聪明、懂事，真是个小宝贝儿。"

阿莱克斯忍不住笑起来："是啊，他比上次见面时又长大了一些，越来越古灵精怪了。我真不愿意错过他成长的每一个细节。"

浅棕色头发的男人长长吸了一口气："多么奇妙，有一个继承你血脉的孩子在这个世界上，他身上有你和你先辈的遗传基因，并且一天比一天变得更像你。"

"对，每次我想到他，都觉得很神奇，这个小东西居然是我的孩子。"阿莱克斯温柔地仰起头，"我想象不出对我来说还有什么比他更重要，听到他叫'爸爸'真是一种享受。莫里斯，有时候我觉得上帝把他赐给我，已经算是对我最大的仁慈了。"

"你很幸运，阿莱克斯。"博士感叹道，"我不可能见到自己的亲生孩子。"

"你和我不同。"混血儿拍了拍莫里斯·诺曼的手，"丹尼尔是在一个错误中诞生的唯一正确的事情，而你根本不允许自己去犯那样的错。"

绿眼睛的男人第一次在阿莱克斯面前露出了寂寞的笑："相信我，警官，如果我有一个儿子，我也会像你一样爱他，或许比你更爱他。"

阿莱克斯握住这个男人的手："是的，我相信是这样，莫里斯。不过没关系，你就把丹尼尔当作你的孩子吧。"

CHAPTER 11 惊悚的"礼物"

阿莱克斯·李和莫里斯·诺曼在医院一直待到第二天早上八点钟。他们几乎一夜没睡，只是小声地交谈着。

让阿莱克斯惊讶的是，这个身为大学副教授的男人肚子里真的藏着不少童话，甚至连各个国家的民间传说都十分了解。他就像一个尽职的父亲，很熟悉孩子们的心理，他会用低沉的嗓音告诉黑发的警探哪些童话和传说是适合5岁孩子听的，而它们又将对孩子产生哪些影响。阿莱克斯感觉到莫里斯·诺曼确实很喜欢丹尼尔，这让他很高兴。

八点十五分左右芬妮·波顿回到医院，她为两个男人带来了些热咖啡表示感谢。阿莱克斯告诉芬妮今天晚上他还可以过来，他的前妻似乎有些不情愿，但并没有反对。于是混血警探急匆匆地在熟睡的儿子脸上印下一个轻柔的吻，然后灌下提神的咖啡，和莫里斯·诺曼一起离开了。

因为莫里斯坚持，所以阿莱克斯就让博士自己叫出租车走了，然后他又返回公寓把电话号码和十字架的化验报告拿上，赶往警察局。

一个晚上没睡并未对阿莱克斯的精神产生太大影响，作为一个刑事警察，他相信自己的体力还算不错，在蹲守和抓捕逃犯的时候他还有过三天两夜没有合眼的记录。阿莱克斯一路上忍住胃部的难受又强迫自己喝了一杯咖啡，然后抽空看完昨天晚上漏掉的那份关于十字架的分析报告。

就跟他预想的一样，那个耶稣被切掉了脑袋的十字架确实是属于丹尼斯·肖恩的：在凹凸不平的雕像缝隙里有极少量的血迹，经过检验和他相符，而且在解开挂绳以后，鉴证人员还找到了同样的棉纱纤维。

现在阿莱克斯有个糟糕的猜想：凶手送来这个十字架，说明他可能已经明白了警方的调查方向，他知道自己被发现了，所以送出他的威胁。那么这到底是表示他的愤怒呢，还是在挑衅？

阿莱克斯低着头一边思考，一边走进自己的办公室，灰眼睛的年轻搭档很有活力地向他打招呼："早上好，长官。"

"早上好，比利。"阿莱克斯脱下外套，把那几个电话号码递给他，"看看这个，这是三个受害者最近的电话记录。"

比利接过资料，翻了几下，很快看到了特别标注出来的那些数字。他高兴地叫起来："长官，三个受害人在案发前24小时内都跟同一个人通过电话。"

"是的，212-487-1270。而且号码是直接拨到他们的手机上的，这跟他们留在'坚贞者'协会上的联系方式完全一致。毫无疑问，凶手是根据那本'丢失'的通讯簿找到了'约翰'们。"

比利·怀特兴奋地说："我立刻去查这个号码，长官。这是个手机号码，应该很好查。"

阿莱克斯点点头："的确如此，比利。但是我觉得奇怪的是，为什么这个凶手第一次作案——也就是杀死丹尼斯·肖恩——是在一个多月前，而对爱德华·班特和克里斯·里切路卡雷下手却间隔了不到四天。"

"或许是挑选合适的对象花了他一点儿时间。"青年猜测道，"大概他并不熟悉'坚贞者'协会的每一个成员，所以锁定自己的目标很不容易。"

阿莱克斯没有对比利·怀特的说法发表意见，他岔开话题："今天我们分头做事，你从检察官那里拿到许可以后去查这个号码，我得跟维森探员商量一下凶手的情况。"

年轻人对这样的分配表示服从，但阿莱克斯从他的眼神中看得出来，他更愿意做后一项工作。黑发的男人突然觉得这个临时搭档也有可爱的地方，在灰眼睛的青年抄下那些号码后甚至还一时性起地问道："比利，你有女朋友吧？"

"没有，长官。"很明显年轻人对他难得的和蔼有些意外。

阿莱克斯笑着说："那你在纽约还有大把的机会。不过千万别把希望放在一个FBI女探员身上。"

比利·怀特也笑起来，他挥了挥手中的本子开门走出去了。

阿莱克斯觉得其实这年轻人根本不知道自己的劝告有多么真诚，他揉着胃部重新拿起十字架的化验报告，眉头紧皱起来，然后拐弯去了爱米丽·维森的办公室。

作为 FBI 的特派员,纽约市警察局给了这位女士足够的尊敬。阿莱克斯进去以后就发现,维森探员的临时办公地点虽然陈设简单,却足够方便,而且很安静,她能够在里面好好阅读和分析那些案卷。

"我以为你不会主动过来。"褐色头发的美丽女人在看到阿莱克斯的时候高兴地放下了手里的现场照片,"请坐,李探长。"

"早安,维森探员。"阿莱克斯礼貌地和她拉开一些距离,然后在办公桌前面坐下来。

"你来得正好。"爱米丽·维森对他说,"我已经读完了全部的材料,想跟你谈谈我的看法。你呢,阿莱克斯,是有什么新进展要告诉我吗?"

"的确有。"黑发男人把十字架的化验单和那些电话号码递给她。

女探员聪慧的蓝眼睛飞快地看了看这些东西,然后皱起眉头:"这是一个危险的进展,阿莱克斯。"

"的确,维森探员。现在我们得到了能找出凶手的最有力线索,但是凶手同时也知道我们已经发现了他的'猎场'。"阿莱克斯指着那张十字架的照片说,"不过我无法理解他送来这个东西的意图。维森探员,你觉得一个连环杀人犯的性格会有这样的两面性吗?"

漂亮的 FBI 微笑着回答:"我想你是指凶手的这个举动太突兀了,对吗?"

阿莱克斯点点头。

"我明白你的意思,那让我详细地说说吧。"爱米丽·维森取下眼镜,

"探长，从前三个凶案的情况来看，凶手的动机是在于满足自己的欲望，是那种由幻想中的爱情而引发的欲望。虽然现场并没有发现精液，但是这种仪式性的场景表明凶手确实借助杀人获得了精神上的性满足，这完全可以从墙上的留言看出来。所以在已经发生的案子里，凶手重点的目标是放在受害者身上；但是这个时候他却送来十字架，那么他现在则是把目标放在了警方或者特定人物身上，让他们产生畏惧从而获得成就感，这和我们通常分析的连环杀手的性格有点差别。"

"是的，维森探员。"阿莱克斯点点头表示同意，他不得不佩服这位女士说出了他难以表达的感受。

爱米丽·维森拿起三个死者的照片："让我们从头说起——很容易看得出，这个凶手是一个变态者，但是他没有发疯，也不是一个无次序的性欲杀手。现场表面上凌乱，但是留给警方的线索却少得可怜，这说明他其实很聪明。从他模仿莎乐美的杀人手法和字句来看，他有一定的人文素养，但人际关系却很糟糕，至少不讨人喜欢。这样的人对于自己的反社会行为不会有罪恶感，也不会与人建立长久的感情关系。他对爱情和性的渴求非常强烈，会去追求自己的满足，但是对于任何形式的爱都不能接受。而且，这还意味着另一件事，这个凶手内心深处有自卑的意识，可是反映出来的行为是以自我为中心和极端的自傲。他希望他求爱的对象完全接受自己，一旦被拒绝就会杀死对方，然后用夺取生命的形式来占有对方。"

阿莱克斯看着那些鲜血淋漓的照片，说道："连环杀手的特征他都具备：一次只杀一个人，几乎不进行密集凶杀；凶杀的欲望必须一次一次地得到满足，凶杀的动机是精神性高潮；每次杀人都采用固定的模式和手段……但是我一直觉得关于丹尼斯·肖恩的犯罪现场却有些奇怪。他的尸体是在室外被发现的，虽然手段相同，却无法满足凶手那种戏剧表演式的场景要求，而且凶手杀死他的日期和爱德华·班特相隔得太长了。"

"验尸报告说已经无法判断尸体被搬运的情况，但可以肯定的是，阿斯托里亚公园的浅水湾绝对不是第一案发现场。如果我们的'莎乐美'是头一回找到让自己满足的方法，那么他没有选一个合适的场所是很正常的。这样也可以解释他的第二次谋杀为什么会拖那么久。"

"我有个猜想，维森探员。"阿莱克斯对这位女士说，"在杀死克里斯·里切路卡雷之后，凶手又蛰伏了很长一段时间，到目前为止快要半个月了，他并没有再对'坚贞者'协会的成员下手。据我们调查了解，那里面还有很多条件和三个死者非常相似的人。让他突然沉寂的原因会不会是由于他觉察了警方的调查呢？"

"这样的残忍谋杀媒体会很快出来报道。"

"是的，我得感谢威尔逊督察替我抵挡了很多采访和责问。"

"你有一个好上司。"爱米丽·维森笑着说，"阿莱克斯，色情连环杀手基本上有两种，一种是冲动型，他们往往怯懦而有从犯；另一种则是智商较高，动手前后有条不紊，比如泰德·邦迪①。前者根本不在意媒体，作案后怕得要死，只想躲起来，而后者却会搜集相关的报道，关注自己的案子。我们可以认为这个凶手属于后者，他完全有能力窥探警方的动向，更何况你调查的触角已经伸到了'坚贞者'协会内部。"

"依照他的性格会主动去挑衅警方吗？"

"按理说不会。他杀人的目的是关于性，而不是出风头。阿莱克斯，你的疑惑是正确的，这样故意引起警方注意的行为在以前的连环凶杀案例中还从未出现过。"爱米丽·维森稍稍皱起眉头，"我推测，或许是某个环节刺激到了他，所以他改变了初衷。"

"某个环节？"

"是的。阿莱克斯，我现在只能用模糊的心理画像来跟你说我的观点，但是改变凶手想法的那个关键因素却无法确定，也许是某个人，也许是某件事情，也许是他在观看报道时记者的措辞，甚至有可能是他做的一个梦……这个偶然性太大了。"

黑发的男人长长地吸了一口气，只觉得脑袋很痛。爱米丽·维森放下手中的照片，用称赞的口气说道："你还是跟以前一样，阿莱克斯，总是很容易注意到被忽略的细节，这是很不错的优点。"

"谢谢，维森探员。"警探苦笑道，"目前我最希望的是那个电话号码

---

① 泰德·邦迪（Ted Bundy），美国有名的连环杀人狂，表面上是优等生，在20世纪70年代，至少杀害了28名女性。

能提供新的线索，否则我们就会陷入被动的局面。"

褐色头发的女人朝他倾过身子，温柔地安慰道："别着急，阿莱克斯，你现在追查的方向很正确……"

淡淡的香水味儿钻进男人的鼻子里，他忽然不自在地朝后面退缩了一些。他清楚地看到了爱米丽·维森漂亮的蓝眼睛，却没法正视。如果他只是一个离了婚的普通男人，或许会为此感到高兴吧。

就在阿莱克斯尴尬的时候，办公室的玻璃门外出现了一个警员，他探头探脑地朝里面张望着，然后敲敲门。爱米丽·维森站起身子，示意他进来。

"对不起，长官。"警员有些拘谨地对他们说，"刚刚有一个快件，是给李探长的，说是得马上签收。"

"啊，谢谢。"阿莱克斯从警员手上接过一个小包裹，然后在单子上签了名。他看了看包裹的封皮，上面只有打印的地址和收件人姓名。阿莱克斯用爱米丽·维森桌上的剪刀拆开牛皮纸，拿出了一个正方形的塑料盒子。

"光盘。"他打开之后看到了里面的东西，"奇怪，谁会给我这个。"

褐色头发的女探员指指办公桌上的电脑："不介意的话你可以在我这儿播放一下。"

"好的，谢谢。"阿莱克斯把光盘放进驱动器，不一会儿音箱里飘出了激扬的管弦乐曲。"好像是古典音乐。"他皱着眉头问道，"维森探员，你知道这是什么曲子吗？"

爱米丽·维森摇摇头："抱歉，我听得最多的是U2。"

"啊，我觉得自己几乎没什么特别喜欢的音乐。"阿莱克斯把那个CD盒翻过来调过去地检查了一遍，然后从黑色底壳里抽出了一张小纸条。他轻轻地读了出来："'给你的礼物'……没有落款。"

"哦，匿名的追求者吗？"

"不，"阿莱克斯忽然想起什么似的，"等等，我好像在哪儿见过这字迹。"

他突然伸手在爱米丽·维森阅读的那些案卷中慌乱地翻找起来，很快从中选出两张照片，然后并列在一起，他墨蓝色的眼睛里顿时透露出可怕的严肃。女探员来到这两张照片面前，立刻吃惊地捂住了嘴巴——

同样是无须鉴定就能够认出的笔迹，棱角分明的笔画和"y"下面尖锐的勾如同一把利刃，刺眼地戳在白色的纸面上，和照片上的血字几乎一模一样。

阿莱克斯死死盯着这张纸，一时间只觉得心跳加速，好像浑身的皮肤都紧绷了。他迅速冷静下来，然后找了几个大信封把拆开的包装物全部装进去，并对身边的人说道："别关掉它，维森探员，千万别关，我马上回来。"

黑发的男人跑到其他的办公室，冲那些警员叫道："有谁听管弦乐，有吗？"

来来往往的人都被他这突如其来的询问给震住了，他们错愕万分地相互看了看，都摇摇头。一个长着粉刺的年轻人甚至耸了耸肩："长官，现在谁能听懂那个？"

阿莱克斯低声咒骂了一句，又接连问了几个地方，好不容易才有接待处一个中年警察怯生生地说，他平常偶尔会听一些。阿莱克斯把他带到爱米丽·维森的电脑面前，要他仔细辨认那是什么曲子。

秃顶的中年警员皱着眉反复听了好一会儿，还是摇了摇头。阿莱克斯挫败地叹了口气，让他出去了。

爱米丽·维森冷静地劝说道："别着急，阿莱克斯。除了少数的爱好者，现在还听古典音乐的人确实不多，这很正常。"

"该死！"警探用手按住额头，闭上了眼睛。

还有谁？还有谁能听出这玩意儿究竟是什么？他飞快地在脑子里搜索自己认识的人，终于找到了一个对象。他掏出手机拨通了莫里斯·诺曼的电话。嘟嘟的电子音乐响了好一会儿之后，听筒里终于传来了那个悦耳的声音。

"你好，阿莱克斯，"绿眼睛的男人在那头笑着说，"想不到我们只分开了几个小时你就打电话过来了。"

"抱歉打搅你补眠，莫里斯，不过我有棘手的事情需要你帮忙。"

"没关系，阿莱克斯，我已经睡了一小时了。"

"能帮我听听看这是什么曲子吗？"黑发的警探把手机稍稍靠近电脑音箱，爱米丽·维森把音量调大了一些。急促强劲的音乐在空旷的办公室中回荡，让阿莱克斯的后背生寒。他也不知道过了多久，只觉得一直伸出去拿电话的手臂都开始发麻了，但是当曲子结束以后，他听到了他想要的答案。

"是理查德·施特劳斯的独幕歌剧《莎乐美》①。"莫里斯·诺曼这样对他说。

"能听出是哪一段吗？"

"呃，我想如果我没记错，应该是具有中东风味的《七重纱舞》。"

"就是莎乐美按照希律王的要求跳的那支舞，对吗？"

"是的。"莫里斯仿佛听出了他语气中的焦灼，问道，"怎么了，阿莱克斯？出了什么事吗？"

"的确出了点儿事。"警探握紧了拳头，"请尽快到百老汇大街5885号35层去一趟好吗，博士？我稍后也将在那里等你。"

"没问题，我马上就去。"

阿莱克斯挂断了电话，神经质地咬着嘴唇。爱米丽·维森看着他紧张的样子，忍不住问道："这是凶手送来的东西吧，阿莱克斯？为什么会是交响乐？他要表达什么意思？"

黑发的男人面色发青："警告，维森探员！凶手在警告我们：他马上会对下一个受害者采取行动。"

是啊，莎乐美按照继父的要求跳了充满诱惑力的七重纱舞，当她把身上的薄纱一层层地脱掉之后，她就将得到约翰的头颅。

---

① 理查德·施特劳斯（Richard Strauss），德国浪漫派晚期最后一位伟大的作曲家、指挥家。舞剧《莎乐美》(Salome)以王尔德的同名戏剧为蓝本改编。

CHAPTER 12 莎乐美需要忏悔吗

曼哈顿区百老汇大街 5885 号 35 层，有犯罪现场调查科的实验室，每一桩案子的相关证物都会送到这里来化验，法医专家根据这些东西抽丝剥茧地抓住嫌疑犯的尾巴，把他们拽到法庭，然后钉在司法女神的长剑上。

阿莱克斯走进这里的时候攥紧了手中的袋子，他在心底由衷祈祷这个包裹上残留着罪犯的指纹、毛发或者皮肤组织，那么他就能够迅速地抓住"莎乐美"，挽救一个处在危险中的男人。他现在很着急，凶手的警告已经送上门了，他不知道那人什么时候动手，也不知道谁会是他的目标。现在唯一的希望只有等待化验结果和比利·怀特关于手机号码的追查。

佩蒂·福兰克林没有像以往一样跟阿莱克斯开玩笑，因为她从他的眼神和语气中感受到了事态的严重性。她把那个装着 CD 和包装物的信封拿进实验室，告诉警探她会尽快告诉他结果。

阿莱克斯点点头，然后来到会客室里，拨通了马修·奥立弗神父的电话。年轻的神职人员显然没有预料到危险会离他的信徒那么近，所以当他听到阿莱克斯通报的情况以后显得有些惊慌失措。

"我们该怎么办,警官?"他焦急地问道,"现在什么是我能做的?"

"别担心,神父,冷静地听我说。"阿莱克斯尽量用平缓的口气叮嘱道,"您现在已经不能再固守您拒绝了解协会成员的这个原则了,您得找出通讯录,然后一个一个地告诉他们,在这段时间内协会成员之间最好不要见面,也不要接号码是212-487-1270的手机打来的电话。"

"我记住了,警官,我会这样做的。"马修·奥立弗神父的口气虽然不情愿,但是还算配合。

"个别符合受害者特征的协会成员会受到严密保护,我已经告诉巡警们加强在他们住宅周围的巡逻。神父,请您记得在打电话的时候控制自己的语气,也不要说得太多,别引起他们的恐慌。"

"我会的,警官。"

"非常感谢您的合作。"

阿莱克斯挂上电话,思考了一会儿,再打给了比利·怀特,但音乐铃声响了一分钟也没有人接听。他皱起了眉头,有些不耐烦地走来走去。

"阿莱克斯!"

一个熟悉的声音叫着黑发男人的名字,他连忙抬起头,看见莫里斯·诺曼正站在门边。

"出什么事了?"博士向他走过来,"你的脸色真糟糕。"

"又得请你帮忙了,莫里斯。"阿莱克斯勉强一笑,"我今天早上接到了凶手送来的东西,也许你会告诉我一些有用的细节。"

莫里斯·诺曼点点头："当然。是那首交响乐吗？"

"对，刻在 CD 里的，我们已经把它转录下来了，这边走——"阿莱克斯说，"——我带你再去听听看。"

他们顺着走廊来到了一个大房间里，这里面摆满了各种各样的电子设备，大门和墙壁上都是隔音的材料，三个超大显示器前坐了两个人，《七重纱舞》的旋律正在房间里回响着。

"维森探员。"阿莱克斯对其中一个人说，"我得向你介绍一下莫里斯·诺曼博士，是他告诉了我们这段交响乐的出处，他对莎乐美的相关背景很有研究。"

美丽的女士转过身，站起来热情地和莫里斯握手："感谢您的协助，诺曼博士，如果没有您我们现在一定还在为寻找这段音乐的出处而苦恼呢。"

"我也很乐意协助警方抓住凶手。"这个男人说，"能为阿莱克斯的侦破工作出力是我的荣幸。"

爱米丽·维森挑高了眉头："哦，看起来你们已经是朋友了。"

"对，这是我第一次跟警察交朋友。"

阿莱克斯咳嗽了两声，推过来一把椅子："好了，莫里斯，请坐吧。我希望您能进一步给我们更详细的信息。查理，"他向正在处理音频的年轻男子问道，"怎么样，发现了什么？"

"这东西是成品转录的。"发型时髦的青年忙得头也没回，"我试着过滤了一下，没有发现明显的背景噪音，音质也没有损耗，母带的录音效果很好，应该是高品质的CD。"

"可以再重放一遍吗？"

"没问题。"

阿莱克斯对身旁的博士说："莫里斯，你仔细听听，还想得起什么相关的东西吗？"

绿眼睛的男人点点头，支撑着侧脸认真听到乐曲结束，阿莱克斯发现他的眉头皱起来了，脸上的神情很微妙。当最后一个音符落下的时候，莫里斯·诺曼长长地出了一口气——

"我想我应该很了解，"他对阿莱克斯和爱米丽·维森说，"现在比电话里听起来更清楚，如果猜得没错的话，这段乐曲应该是截取自迪卡公司出品的那一版《莎乐美》。"

"你能肯定吗？"

"当然，我自己家里就有这一版CD，我非常熟悉。里面的女高音卡塞琳·麦尔菲苔诺就是纽约人，我很喜欢她，所以这盘CD也经常听。"

爱米丽·维森很快转头对那个年轻人说道："查理，找一下这唱片的资料好吗？"

"等等……啊，出来了……《莎乐美》，1995年英国迪卡公司出品，克里斯托夫·冯·多纳伊[①]指挥，维也纳爱乐乐团演奏，唱片编号

[①] 克里斯托夫·冯·多纳伊（Christoph von Dohnanyi），德国著名指挥家。

DECCA444178-2……"

"非常感谢，莫里斯。"黑头发的探长欣喜地握住博士的手，"好了，现在我们可以查询这CD最近在纽约的销售记录，很快就能够得到结果。"

"噢，但是警官，如果凶手并不是在最近买的CD呢？它出品已经十年了。"

"有这个可能。"爱米丽·维森插话道，"不过CD的音质能保留得如此完好的，时间不会太长。"她的蓝眼睛落在两个男人紧握的手上，笑了笑：" 看，至少阿莱克斯觉得这已经是一个很好的线索了。你一定非常兴奋吧，探长？"

阿莱克斯放开莫里斯·诺曼的手，对自己的失控微微有些懊恼，但随之而来的电话铃声让他摆脱了窘境。"是比利。"他看了一下号码，然后打开手机，不一会儿眉宇间便露出狂喜。

"找到了！"他对爱米丽·维森大声说，"那个号码属于一个叫彼得·帕尔默的男人，住在42街97号。我们得马上去！"

褐色头发的女探员很高兴，她利落地检查了身上的枪，然后礼貌地跟莫里斯·诺曼握手告别。正要离开的探长转头看看自己的朋友，似乎犹豫了一下："啊，对了，博士，你不能跟我们到现场……"

"别担心我，阿莱克斯。"莫里斯·诺曼轻松地笑起来，"我马上就得去学校了，今天下午还有重要的辅导课。"

混血警探用墨蓝色的眼睛看了他一会儿，似乎想对他的体贴和谅解表达说不出的感激。但这只有短短的一瞬间，黑发的男人很快就和FBI探员一起匆匆离开了。

莫里斯·诺曼安静地走出实验室，从35楼透明的落地窗望下去——马路上拥挤的车辆像甲克虫一样在高楼林立的沟壑中密密麻麻地爬行，它们身边的人群小得如同芝麻粒。从这个位置看起来人人都是一个微不足道的黑点儿，没有身份和地位的差别。阿莱克斯也是其中之一，莫里斯把头靠在玻璃窗上，突然很庆幸自己能够碰到他。

阿莱克斯屏住呼吸，右手握着枪，比利·怀特和爱米丽·维森站在他左边，后面还有五个持枪警察。他们面前的红木门关闭着，没有任何动静。周围那紧张的味道让在场的人都喘不过气来。

黑发的男人第二次按了门铃，又用力敲了几下，大声叫道："彼得·帕尔默先生，请开门，我们是纽约警察！"

屋子里依然毫无反应，阿莱克斯等了十几秒，朝后面点点头，一个身材粗壮的警员上来猛地撞开了门。他们端起枪冲进房间里，分头占据了有利位置，训练有素的警员以最快的速度察看了各个房间，然后告诉上司"安全"。

黑发探长的脸色顿时一沉。爱米丽·维森慢慢放下枪，打量着这间空无一人的公寓："真遗憾，看样子已经很久没人住了。"

阿莱克斯闻到了室内那股霉味儿，用手摸了一下桌子，表面全是灰。"该死！"他低声咒骂道，然后沮丧地把枪揣进怀里。

这是一间高级公寓，室内装修得挺漂亮，但主人并不爱干净，穿过的衣服到处丢，报纸和书刊也杂乱无章地扔在地上，墙上贴满了巨大的照片，都是些野生动物和非洲的土著。细颈瓶里的玫瑰早就干枯了，一些花生散落在电视机前，还有些发霉的水果摆在茶几上。

阿莱克斯向比利·怀特问道："比利，你确定查到的人是这个吗？"

"是的，长官，我保证！"比利·怀特连忙用肯定的口吻回答，"那个电话号码是属于 Verizon 公司的手机租赁业务，使用者预付通话费用，两年后手机就归自己了。签租赁合同的人得出示自己的驾驶证或者社会福利号码，电话公司都保留了复印件。我核对过住址，确实是这个彼得·帕尔默，他是白种人，45岁、黄头发、蓝眼睛、留着络腮胡子。"

阿莱克斯顺手从一旁的家具上拿起一个相框，上面那个身材高大的男人正抱着一只鳄鱼笑得很开心。

"是的，先生，看来没错了！打电话给 CSI。"他对灰眼睛的搭档说，"叫他们来找找有没有特别的东西。"

爱米丽·维森缓缓地在这间公寓中看了一遍，然后来到阿莱克斯身边。"起码有半个月没人住了。"她对黑发的警探说，"冰箱还开着，但食物都腐烂了。哦，对了，瞧，卫生间里还有很多安眠药。"

阿莱克斯看了看她手里晃着的药瓶："是艾司唑仑，爱德华·班特的胃里就有这个。还发现了什么？"

"有些相机堆在卧室，除了数码还有很多机械相机，哦，对了，连老式的胶卷也不少，看来帕尔默先生是个职业摄影师。"

"是吗?"阿莱克斯愣了一下,"既然有胶卷,你有没有看到暗室?"

"没有。这里只有一个客厅、一个卧室、一个书房和厨房、卫生间。"

"看来他还有别的住处。"阿莱克斯的眼睛里浮现出光彩,"一个还在用胶卷的摄影师不可能没有自己的暗室。我们得仔细查查他给哪些地方供稿,最近有什么动向。"

"他这么久没回来,是不是又出去工作了?"

阿莱克斯走到卧室的门口,看着扔在床上的照相机和落满灰尘的胶卷,摇了摇头:"我猜不是这样,维森探员。几乎没有一个摄影师会如此粗心地对待自己的工作伙伴,帕尔默先生肯定是出了一些事情。"

阿莱克斯很快就拿到了关于彼得·帕尔默的详细资料——

他是一个自由摄影师,擅长野外工作,长期为几家自然科学杂志和旅游杂志供稿。他的收入还算不错,但绝大部分都用于更新摄影器材了,在工作之余也喜欢四处旅行。虽然他的行踪很难确定,好在几个杂志的编辑总是可以找到他。不过据说他们这次也有近半个月无法联系到他了,圣诞节前夕一般都是他工作最多的时候,所以这样的情形还是第一次出现。

"对比过失踪人口名单吗?"阿莱克斯向比利·怀特问道。

"没有,长官。"青年回答,"彼得·帕尔默不在里面。他这样的工作常常一两个月都没有消息,所以亲戚朋友不会认为他失踪了。"

"他的暗室地址呢?"

"我们正在查他所有的信件，很快就会有结果。"

阿莱克斯抬手看了看表，已经下午三点了："现在我们得抓紧每一秒钟，比利，我们不知道那个热爱戏剧的精神病人什么时候会对第四个对象下手。"

"我明白，长官。"年轻人点点头。他看见阿莱克斯一手攥着电话，一手伸进西装里按住胃部，于是从口袋里掏出一袋膨化饼干，有些迟疑地递过去："长官，您……要不要吃点儿东西，您好像没吃午餐。"

阿莱克斯意外地看着面前这个青年，随即笑了笑，接过他手上的食物："谢谢，比利。"

几分钟后黑发警探的电话终于响了起来，佩蒂·福兰克林告诉他关于那盘 CD 和包装物的化验结果。

"我在包装纸上发现了很多指纹，有一部分是你和维森探员的，还有一部分是陌生人，但是 CD 盒上却只有你们俩的，"美丽的金发女士顿了一下，"你懂我的意思吗，阿莱克斯？"

"是的，"警探低下头，"这意味着凶手很细心，包装纸上的指纹很可能是邮差留下的。"

"对。不过我在 CD 盒上还有另外一些发现。知道吗，那上面有溴化银和硫代硫酸钠，据我所知，这应该是冲洗黑白相片时常常接触到的化学物质。"

"哦？啊……谢谢，佩蒂，我明白了。"

黑发的警探嘴角露出了微笑，他拍了拍衣服上的灰，问道："比利，维森探员在哪里？"

"啊，她正在让FBI那边查找关于彼得·帕尔默的资料，说是马上就可以——"

青年话音未落，身后就传来了急促的脚步声。女探员快步走过来，对阿莱克斯说："找到了！我们查了所有的房屋租赁登记，帕尔默的暗室在哈密尔顿堡，海滨高速公路附近！"

黑发警探一下子跳起来，"我们马上就去！比利，"他对青年说，"告诉老鲍勃我们需要更多的支援！"

他和爱米丽·维森带头下了楼，警车呼啸着穿过百老汇大街，开过布鲁克林大桥，从高速公路来到了哈密尔顿堡，最后在一幢半旧不新的房子前停了下来。

五六辆警车已经比他们早一步抵达了现场，巡警疏散了其他的住户，然后用枪对准了二楼的一个窗户。闪烁不停的红、蓝色灯光让气氛更加紧张。

阿莱克斯下了车，掏出枪，几个全副武装的特警队员上来报告说，嫌疑犯租用的暗室在二楼的C室。

"好了，上去吧，先生们！"阿莱克斯命令道，"小心一点儿，我们面对的是一个凶残的杀人犯！"

二楼C室的窗户被黑色布料遮得严严实实，根本看不到屋子里的情况，巡警喊话也没有人应答。用热量感应装置检测后发现有干扰：可能是屋子里有很多的电器，还有厨房里在烹煮的食物，而且加上房间也比较大，所以很难判断内部是否有人。

阿莱克斯和爱米丽·维森、比利·怀特一起紧跟在特警队员身后，看着他们撞开了门。一股扑面而来的怪味让阿莱克斯忍不住皱起眉头，他眯起眼睛朝里面望去，只见特警队员枪上的光束划破了室内的黑暗，陆续有"安全"的报告声响起。

阿莱克斯的心又沉下去了……

他借助微弱的光线打量着这间暗室，勉强可以辨认出共有三个房间，其中一个比较狭窄，还泛着红光，好像是冲洗室；最外边的天花板底下横挂着好几条绳子，几十张相片夹在上面；一个巨大的工作台放在最里边，上面有台电脑，还有一些胶卷；墙角竖着几个三脚架，有个帆布口袋和一张行军床；右边是厨房，里面有些微弱的火光，看起来炉子上炖着吃的。

"见鬼！又让他跑了！"比利·怀特气愤地啐了一口。

爱米丽·维森没有把失望挂在脸上，只是咳嗽了一声："天啊，这些药水儿的味道真难闻。"她掏出电筒看了看天花板下面挂着的照片，"全是澳洲的袋鼠和树袋熊，看来这是彼得·帕尔默最近的工作。"

阿莱克斯走到工作台前面，借助电脑屏幕的微光看见一些乱糟糟的布料堆在上面，还有散乱的光盘、胶水和 CD 盒。周围的小型音响、电视、电热咖啡壶、甚至加湿器和空调，全部都处于开机状态。他从电脑面前拿起几个药瓶，上面还是写着艾司唑仑。

"长官！"一个特警忽然站在厨房门口叫道，"您最好来看看这个。"

阿莱克斯走到他身边，猛地倒抽了一口凉气——

在厨房的墙壁上，画着一个足有 6 英尺高的、巨大的裸体女人，她双臂高举着一个头颅，旁边是一句话：

莎乐美需要忏悔吗？

这画的笔法如同顽童的涂鸦，但是用的是血一样的鲜红色，在微弱的光线下显得狰狞而张扬，让人感觉不寒而栗！

"我的上帝啊……"比利·怀特在阿莱克斯身后喃喃说道，他显然被这图画给吓住了，脸上是一副错愕万分的表情。

阿莱克斯的心脏如同被人捏住了一样难受，他觉得这画后面有一双冰冷的眼睛，正通过那个潦草的莎乐美在对他狞笑。

"长官，"比利·怀特指着画的左下角说道，"那里好像还有一行小字。"

阿莱克斯连忙把目光移到他手指的方向，果然发现了几个模糊的单词，那是用黄色的颜料写的，显得不惹人注意。他朝里面走了几步，却被爱米丽·维森拉住了。

"等等，阿莱克斯。"美丽的女探员严肃地说，"我觉得这屋子里有股味儿，很奇怪。"

"是药水味儿吗？"比利·怀特吸了吸鼻子，"我觉得也有炉子上炖肉的味道。"

阿莱克斯站住了，他也闻到了那弥漫在整个房间里的气味儿，却无法辨认出是什么，就好像很多种东西混合在一起似的。他把手电筒的光朝那行小字射去，但仍然无法看清楚。

"光线太暗了。"他皱起眉头。

比利·怀特朝四周张望了一下，在墙壁上发现了一个电灯开关。"打开灯试试吧，长官。"灰眼睛的青年想也没想就按下了按钮。

阿莱克斯只觉得心头一跳，立刻听到有什么滋滋的声音在墙壁后面响起来，他的脑子里掠过一阵可怕的猜想——

"快出去！"他突然失控地大叫起来，推搡着身后的人，"快叫大家都出去！马上离开这屋子！快！"

爱米丽·维森首先明白过来，她立刻把这命令传达给外面的特警，阿莱克斯紧跟着抓住发呆的比利·怀特，让年轻的搭档快跑。最后他转过身，一把拽着女探员朝门口奔去，就在他们刚刚来到楼梯口的时候，震耳欲聋的爆炸声便从背后传来，一股热气笼罩了全身。

阿莱克斯想也没想就抱住旁边的女人，巨大的气浪一下子把他们两人推下了楼梯。

CHAPTER 13　教堂割喉

自己还没死！

当阿莱克斯感觉到额头上的疼痛时，他心里第一时间冒出这样的念头。爆炸产生的巨大威力把他和爱米丽·维森推到了楼梯下，墙上震落的木头和一些涂料、石块儿密密麻麻地砸在他们身上。阿莱克斯只记得自己摔下去时把身边的女士抱在了怀里，尽力避免她受伤，然后就失去了意识。

现在他的头还很痛，但他已经明白自己只是因为脑震荡的关系昏迷了一两分钟。他感到腹部也有些疼痛，好像是硌到了什么东西。黑发的男人费力地撑起身体，看着怀里的人。爱米丽·维森闭着眼睛，发出了几声咳嗽，当她看向阿莱克斯时显得有点恍惚。

"你没事吧，维森探员？"阿莱克斯把她扶起来，打量她。

"……呃，我想我没事。"褐发的女人使劲摇了摇头，努力使自己清醒过来。她很快发现阿莱克斯的额角在流血，身上的西装也全是灰，黑色的发脚被热浪烤得卷曲起来，而自己也好不到哪里去，只不过因为被护在下边而显得干净些。

她连忙掏出口袋中的纸巾按住阿莱克斯的伤口,黑发的男人苦笑着说:"我们看上去一定像是从伊拉克逃出来的!走吧,维森探员,尽快离开这鬼地方!"

楼下陆续响起叫声,还有杂乱的脚步声。

"长官!长官!"比利·怀特焦急地喊着,第一个奔上来。当他看到阿莱克斯和爱米丽·维森狼狈地在瓦砾中喘气时,脸上的焦虑和惶恐终于舒缓了一些。

"感谢上帝!"灰眼睛青年激动地拉住阿莱克斯,"您还好吧,长官!您受伤了?"

"只是被砸破了皮。"警探看了看被染红的纸巾,笑着说,"还好,没发现脑浆,这说明我颅骨保住了。"

几个警员扶着他们走出这栋楼,很快有医务人员过来替阿莱克斯包扎伤口,几个护士带着爱米丽·维森到救护车上做检查。比利·怀特愧疚地看着阿莱克斯头上的血迹,涨红了脸:"对不起,长官,对不起,我真没想到——"

"好了,小伙子!"黑发的男人安抚地拍拍他的肩,"这不怪你!那一定是个短路装置,凶手早就准备要我们的命了。"他抬头望着二楼窗口,残存的火苗正不时舔着外墙,灰色的浓烟从房间里涌出来,还夹杂着焦臭味儿。消防人员和炸弹专家已经火速赶来,正准备确认有没有第二次爆炸的可能。"

阿莱克斯眯起眼睛："比利，他早就计划好了，那行字肯定是故意写得那么小，而且用了黄色。在光线暗淡的情况下，我们想看清楚就得下意识地开灯！他果然是个聪明的家伙，可惜……不知道那幅画是不是也毁了。"

青年皱起眉头，问道："长官，凶手为什么画那幅图，他想告诉我们什么？"

阿莱克斯的眼睛里透出一阵迷惘，似乎也在猜想，但没有头绪："我不知道，比利，他现在好像是把目标放到了警方身上。啊——"他突然痛叫了一声，又对身边的医务人员央求道，"小姐，我想您不用这么大力气也能止血吧？"

年轻的护士耸耸肩："抱歉，警官，可是伤口里有木刺，我得把它们弄出来。"

黑发的男人无奈地闭上了嘴，僵硬地昂着头，然后看见爱米丽·维森从救护车下来，来到他身边。她用担忧的眼神看着医务人员给这个男人清洗伤口，然后问他感觉怎么样。阿莱克斯满不在乎地笑笑，没有把她的配枪硌得他胃疼这事说出来。

"我很好，维森探员。你呢，没受伤吧？"

爱米丽·维森活动了一下双臂："哦，是的，仅仅是两个小擦伤，一点事儿也没有。阿莱克斯……"褐色头发的 FBI 探员突然像个小女孩儿一样略带腼腆地望着混血男人,"我得说,谢谢你,如果不是你……我可能——"

"啊,维森探员,这不过是警察的本能反应,别挂在心上。"阿莱克斯连忙不自在地岔开话题,"我现在比较遗憾的是凶手留下的线索又断了。"

爱米丽·维森的目光中有些黯然,但很快就配合他点点头:"真是没有想到,嫌疑犯会下这么大的力气要弄死我们。干出这种事的应该都是些患有抑郁症或者压力过大的、情绪化的人。按照常理说,一个连环杀手是不喜欢进行密集凶杀的,他的欲望每一次从一个被害者身上就可以满足。"

"他现在好像开始和我们做游戏了。"阿莱克斯厌恶地说,"难道他给我送来 CD 不是为了告诉我他要对第四个对象下手,而是为了把我们引到他的陷阱里?"

"可是他这样做跟他最初杀人的动机相差太远了。"爱米丽·维森皱着眉头,"你注意到了吗,阿莱克斯,他在墙上留下了一句话,他好像是在告诉我们什么。"

"'莎乐美需要忏悔吗?'"比利·怀特重复到,"长官,可惜那行小字我们没看清楚。"

"是的。"爱米丽·维森说,"他用的是问句,这意味着他把答案留给我们了。阿莱克斯,他是想让我们来回答。"

黑发的男人紧紧皱起眉头,没有说话。他在努力回忆关于这个"莎乐美"的所有细节,那些被他杀害的人,那些他接触过的环境,他留下的蛛丝马迹，他晦涩不清的暗示，还有那幅狰狞的图画和一句话——"莎乐美需要忏悔吗？"

阿莱克斯突然站起来打断了医务人员贴绷带的动作，把周围的人都吓了一跳。他的脸色非常难看，墨蓝的眼睛里有种说不出的古怪神色——

"快，快走！"

他大叫着跑到最近的一辆警车面前，命令警员给他钥匙，然后坐进驾驶室。比利·怀特和爱米丽·维森只愣了一下，便跟上去。

"怎么了，长官？"灰眼睛青年试探着问，"您是不是想到什么了？"

阿莱克斯几乎是咬着牙回答："第四个受害者，比利，他告诉了我们第四个受害者！"

"是谁？"

"就是那位喋喋不休的神父！"

爱米丽·维森猛然醒悟过来："啊，忏悔！"

"是的，他找马修·奥立弗神父忏悔去了！维森探员，请你留下来处理这边的事情吧，我和比利得赶到教堂去！"阿莱克斯不耐烦地发动了汽车，"上帝保佑还来得及！"

现在是下午六点，路上的交通非常繁忙。阿莱嘶鸣着警笛来到熙熙攘攘的曼哈顿区，然后沿着西侧高速公路朝北开，顺着亨利·哈德孙高速公路过了乔治·华盛顿桥，在路人诧异的目光下像坦克一样撞倒教堂外面的一个信筒才停下来。这两个脏兮兮的男人跳下车，比利·怀特勉强抽空给行人亮了下证件，免得他们报警，然后没命地跑过林荫道，最后在大门外站住了。

阿莱克斯放轻步子，努力平复急促的呼吸。他拔出枪，给比利·怀特做了个"分头进入"的手势，然后走进教堂。

宽敞的大厅里没有人，蜡烛如同平常一样在架子上静静燃烧，基督和圣母都保持着他们一贯的姿势，居高临下地望向两个拿武器的警察。阿莱克斯觉得胃部的疼痛更加剧烈了，但他依然保持警惕打量周围，一步一步地靠近圣坛后面的休息室。比利·怀特在他的左边，紧张地端着枪，预备随时可能发生的意外。

带雕花玻璃的门虚掩着，里面毫无动静。阿莱克斯慢慢地走过去，叫了声"神父"，但没有人回答。他的心里有股不祥的预感，伸出左手推开了门——

首先映入他眼睛的是大片的鲜血，暗红的颜色在地板上渐渐扩展，触目惊心，血腥味儿扑鼻而来；然后他看到了倒在地上的马修·奥立弗神父，他穿着法衣的身体侧躺着，脖子上有一条口子；室内像被狂风扫过一般，非常凌乱，椅子和桌子都倒下了，玻璃杯摔得粉碎。

阿莱克斯呼吸一窒，上前把手伸到神父的鼻子底下，却惊异地发现有呼吸的微弱迹象。

"他还活着！"黑发的男人向比利·怀特喊道，"快叫救护车！"

阿莱克斯脱下衬衫，按住神父脖子上的伤口，然后把他扶起来，轻轻拍打他的脸:"看着我,神父,我是李探长!你能听到我说话吗?振作点,你的上帝现在不能带你走!"

年轻的神职人员似乎感受到了外界的刺激,嘴唇微微翕动了一下,然后吃力地睁开眼睛看看面前的人。

"好了,你会没事的!"阿莱克斯用外套把马修·奥立弗包裹住,他的体温因为失血而逐渐降低,越来越危险了。

快点来,救护车!快点!

"是,长官!"青年连忙掏出呼叫器,"凶杀科警员比利·怀特呼叫总部,有一男性被刺伤,大量出血,在曼哈顿哈林区圣约翰教堂,需要救护车立即赶到……"

阿莱克斯心底焦急地呼唤着——他得保住这个人,否则他将会失去唯一一个亲眼见过凶手的目击证人。

黑发的男人觉得体内好像燃着火,烧得他上腹部剧痛,鼻子里的血腥味儿越来越重,甚至连嘴里都尝到了。他忍不住咳嗽了一声,开始呕吐,暗红色的血液从他的嘴里喷出来。

在比利·怀特的惊叫中,阿莱克斯倒在地上昏了过去。

阿莱克斯记得,自己曾经在参加完一个殉职同事的葬礼后去僻静无人的墓园里溜达。

从某种角度上来说,读一个墓志铭就像是读一本哲学书。那是死者最后的智慧，并且用最简短的形式把它们留给生者。阿莱克斯忘记了其中的大多数，却还记着一条。那是一个律师，他的墓碑上写着："现在我躺下来，可以真正地休息了。"

黑发的男人睡在病床上，空洞地望着雪白的天花板，突然觉得那条墓志铭和他眼下的情况很相似，不同的是他还得再爬起来。

"是胃出血，警官。"一个矮小的中年医生对他说，"您的胃溃疡很严重，饮食无规律，而且工作紧张，再加上受到硬物撞击，所以导致了溃疡部位破裂。我们已经用胃镜找到了出血位置，给您放了一个J型水夹止血。"

阿莱克斯把目光从天花板转向旁边尽职的医生："谢谢您的说明。我昏迷了多久？"

医生看看表："现在是晚上十一点半，大约五个小时。当然，我们给您注射麻醉剂后的时间也得算进去。"

"我什么时候能离开这里？"

"恐怕暂时不行。"医生做了个遗憾的表情，"您起码得留院观察十二个小时。"

"我得马上走，大夫，您只要告诉我现在已经止住出血就可以了。"

"那绝对不行！"

"我是警察，大夫，我现在得去抓一名杀人犯，这是我的职责！"

"我是医生，警官。我的职责是保证您在脱离危险之前都躺在这张床上！"矮个子的男人用毫无转圜余地的口气说道，"相信我，这个时候您没有办法对抗任何歹徒。"

阿莱克斯挫败地叹了一口气："那么我也得见见我的同事，大夫，这很重要。"

"好的，他就在外面。"矮个子男人走出病房，让守在外边的人进来。

身上还沾着血的比利·怀特一脸不安地望着阿莱克斯，他看上去非常疲惫，一整天的紧张节奏让他有些招架困难。

"长官，您感觉怎么样？"

阿莱克斯尽量微笑着做出"还不错"的样子："这不是我第一次进医院，比利，不用担心。跟我说说这几个小时里的情况。"

"您得休息，长官。"

"在抓住凶手之后。"阿莱克斯催促道，"好了，比利，快告诉我！奥立弗神父呢？他怎么样？"

青年点点头："他还活着，经过抢救总算是保住了性命！医生说幸亏没伤到主动脉，虽然失血较多，但不存在其他的伤害。现在他正在特殊病房里睡着呢！"

阿莱克斯长长地松了一口气："太好了！盯紧些，他一醒来就告诉我。啊，对了，维森探员呢？"

"她现在……临时代理您的职责，可能正在教堂的现场。"

"把我的电话拿来！"

"是。"

阿莱克斯接过手机，一打开就看到十几个未接来电。"哦，该死。"他微微地皱了一下眉头——他几乎忘记了，今天晚上还得去看丹尼尔呢，看来反而是他儿子的"新朋友"记住了这件事。

阿莱克斯没有立即给莫里斯回电话，他先打给了爱米丽·维森，询问现场的情况。可是那位褐色头发的女士觉得他不应该这么积极地想到工作，而是得安分地休息。一贯精明干练的女FBI在口气中也透出了毫不掩饰的关切，她显然不同意阿莱克斯将胃出血称之为"无关紧要的小毛病"。

"你知道胃出血的平均死亡率是多少吗，阿莱克斯？是百分之十！如果你再多流五百毫升的血就没命了！"爱米丽·维森严厉地说，"我已经和CSI勘察过现场了，当时威尔逊督察也在场，你就放心吧。"

黑发的男人客气地说："谢谢你的提醒，维森探员。但是我想我在胃出血病人中是属于那幸运的百分之九十，而且我的出血量远远小于危险的一千毫升。现在我必须了解'我的'案子。"他顿了一下，"我希望你理解，维森探员，我在这个案子上花了很大的力气，得不到最新的线索我根本无法待在医院。哦……我的外套呢？"

电话那头稍微沉寂了一下，接着爱米丽·维森叹了口气。"好吧。"她无奈地说，"根据现场勘察的结果，初步断定室内有打斗过的痕迹，可能是有人制止了凶手，所以神父才没死。哦，找到了一块浸过哥罗芳的纱布，还有一些脚印——"

"脚印？"

"是的，而且是很清晰的脚印，有两个不同的形状。"

"有一个是属于神父的，这我明白。但是另一个呢？是不是凶手？"

"不能肯定，因为我们还发现了一些奇怪的痕迹，好像有什么东西把脚印的某些部分擦去了……现在鉴证科的人正在研究到底怎么回事。"

"还有别的发现吗？"

"法医们带走了一些血迹的样品，他们找到零星的血滴和擦痕，因此怀疑现场不只是神父一个人被伤着了。"

阿莱克斯觉得有些振奋，这几乎是他一个多月来听到的最好的消息。他一下子坐了起来："爆炸现场呢，维森探员？那里的情况怎么样？"

"艰难的工作，非常艰难。"爱米丽感叹道，"连不当班的法医和实习生也都被叫去了，一英寸一英寸地搜索，啊，不幸的马尔科姆·米勒医生差点昏过去。现在他们还在干呢，清理出了一大堆的东西。基本上可以肯定引起爆炸的是一个自制的短路装置，炸药倒是不多，可是那间屋子里藏了大约六百加仑的汽油。"

阿莱克斯顿时明白了他们走进暗室时闻到的怪味儿，那是凶手刻意用食物、冲洗药水和其他东西的味道混合起来掩盖汽油的味道，他笑起来："气浪恐怕达到了一小时16000英里吧，看来我们运气真好，那座公寓的建筑师应该获'最坚固'构造奖！"

"是啊，CSI的实验室里堆满了东西，而且还在不断地送来。"

"都有什么？"

"什么都有，全是现场发现的碎片：纸张、金属、塑料、纤维……啊，还有骨头……"

黑发的男人诧异地哼了一声。爱米丽·维森踌躇了一下，吸了口气："阿莱克斯，实际上法医们在怀疑，从厨房发现的炖品里的骨头，是人的……"

原来还是有第四个受害者吗？

阿莱克斯觉得像被人狠狠刺了一下，他不记得自己怎么结束了跟爱米丽·维森的通话，只是捏着手机坐在病床上发了好半天的愣，直到比利·怀特叫他的名字，他才恍然回过神。

"长官，怎么了？"灰眼睛的青年小心翼翼地看着他。

阿莱克斯打量着这个年轻人，诡异的眼神让他的新搭档头皮发麻。

"比利，"他忽然用非常温和的口气问道，"你穿多大号的外套？"

CHAPTER 14
第四名受害者

阿莱克斯用不紧不慢的步子走出了病房，身上穿着比利·怀特的外套和长裤，手中攥着电话。尽管那个青年对这点子非常不赞成，可是阿莱克斯还是用坚定的态度和上司的特权强迫他接受了，并且让他乖乖地躺到病床上去。

警探小心地避开迎面走来的医生和护士，很高兴没有撞到自己的主治医师，于是他很顺利地溜出了医院，叫了辆计程车，直接赶往鉴证科。阿莱克斯摸了摸胃部，麻药的效力正在散去，他隐隐约约感到了一些疼痛，但并没有在意，只是赶紧拿出手机打给莫里斯·诺曼，他相信那个男人一定等得非常着急了——

"晚上好，博士，你没休息吧？"

"阿莱克斯？"手机里传来了博士急促的声音，"你在哪儿？你还好吧？"

"当然，我很好。"阿莱克斯对他那过于关切的口气有些诧异，"怎么这么问？"

"我给你打了很多次电话你都没有接，我以为你出了意外。今天八频道新闻里说警方在调查凶杀案时遇到了爆炸……"

"啊，原来如此，是挺惊险的。"阿莱克斯不打算把胃出血的事情也告诉他，"莫里斯，今天我太忙了，所以没顾得上接电话，非常抱歉。天哪，原本我还计划今天再去陪陪丹尼尔呢。"

"啊，这个我想你可以放心，你的小水手今天晚上有我陪着呢！"

阿莱克斯愣了一下："谢谢，真抱歉又要你帮忙，莫里斯。我知道你下午本来就有工作，没有休息好，其实，如果芬妮在的话你不必……"

"嘿，阿莱克斯，"博士用轻快的口气说道，"知道吗，我喜欢丹尼尔，他也很喜欢我——至少喜欢我给他讲的故事，我陪着他不会觉得累。而且，波顿太太好像仍然在烦恼她的工作，所以我想我待在医院里是最好的。"

"你现在已经在那里了吗？"

"是的，我结束了辅导课就过来了。"

阿莱克斯感激地笑了笑："谢谢，莫里斯。"

"工作完了好好休息，警官，别着急过来。有我在你就放心吧。"

黑发的男人放下电话，心头的焦虑似乎微微减轻了一些。他的脸上忍不住掠过一丝微笑，直到计程车在目的地停下，他才重新带着工作中一贯的冷淡表情上了 35 楼。

今天晚上鉴证科的大部分人都得加班了，他们看上去忙得要死，这地方甚至比白天还热闹。阿莱克斯走出电梯的时候发现来来往往的人都搬运着各式各样的"垃圾"，一看就知道是爆炸现场的证物，黑糊糊的，散发着焦臭。他还没有迈开步子，就听到了一声惊呼。

"阿莱克斯！"爱米丽·维森拿着一杯饮料从休息室里走出来，她满脸惊讶地看着这个男人，"我的上帝啊，你应该在医院！"

"比利帮我顶班了。"阿莱克斯微笑着说。

女探员露出一副责备的表情，却只是耸耸肩："虽然我很愿意把你押回去，但是我想你不会配合的，你以前就是这个样子。"

"血已经止住了，维森探员，现在我只是不能吃东西，可能还有一段时间只吃点流质食物。"阿莱克斯歪了歪头，"现在有什么发现了吗？"

"不算太多。"爱米丽·维森和他一边走向实验室，一边介绍道："验尸官们正在分析厨房里找到的骨头，血迹的化验也正在做，查理还在努力恢复那台电脑上的数据。我想你一定愿意看看已经出来的结果吧。"

"当然。"

他们先去了解剖室，马尔科姆·米勒医生正在那里摆弄几根碎骨头。这个头发花白的老人显然已经熟悉了阿莱克斯的性格，对他的突然出现并没有表现出太多的惊讶。老验尸官很了解这个案子的重要性，就连他自己也是来不及休息一下就从混乱的现场回到了解剖台前面。

"你胃里没有东西，这是好事，因为等会儿我说什么你都不会恶心了。"米勒医生站在惨白的灯光下，给阿莱克斯看了看一块小小的骨头，"这是我们在厨房里发现的，那口锅被炸翻以后，里面的东西溅得到处都是，可怜的实习生们趴在地上足足找了一个小时才凑齐了这么几块。"

阿莱克斯眯起眼睛看着那块有些泛黄的骨头："维森探员告诉我你认为这是人的骨头。"

"是的。虽然它们被烹煮过以后没办法做可溶性蛋白的沉淀环实验，但是任何一只猩猩的中指都不会长成这样，而且我把这几块骨头放在一起发现它们能拼成半个手掌，如果以此计算死者的身高，将近五英尺十英寸了。我可不知道纽约有快六英尺高的猴子。"

"不能检验DNA吗？"

"它们都熬过汤了，孩子，也许得花点时间。"

阿莱克斯叹了口气："也就是说现在还没确认受害者的身份？"

"哦，我们现在还在找受害人别的部分。"爱米丽·维森补充道，"但是现在看来，彼得·帕尔默的身高就是五英尺十英寸，死者是他的可能性很大。我已经让警员在附近调查。如果是杀人碎尸，很可能周围的垃圾桶和下水道里还有残骸。"

老验尸官也表示同意："对，崇尚艺术的'汉尼拔医生'一定忍受不了汤里有眼球、牙齿什么的。希望我们能拣到他丢掉的下水。"

阿莱克斯厌恶地皱起眉头："哇呃……"

花白头发的老人拍拍他的肩膀："我想也许佩蒂那边的进展要好很多，至少今天中午在公寓里发现的东西都基本上出来了。"

阿莱克斯和爱米丽·维森把安静的工作空间还给米勒医生，然后又走进了外面的一间化验室，金发的佩蒂·福兰克林从小型的无影灯下抬起头，惊讶地睁大了眼睛。她迷人的红色嘴唇翘起来，无奈地笑了："我想你一定以为自己是个超人，阿莱克斯。"

黑发的男人走到桌子旁边，点点头："是的，佩蒂，你得明白其实我刚刚才在顶楼脱下斗篷。"

化验员把灯朝旁边歪了一下，指着那些分类的透明塑料口袋："喏，现在我们手里的活儿多得可以干到明天早上。你想先知道哪一个？"

"今天在42街公寓里找到的线索。"

佩蒂·福兰克林拿起其中的几个袋子看了一下："哦，那个邋遢的摄影师彼得·帕尔默吗？屋子里提取到的指纹是属于他本人的，此外还有带毛囊的头发和精液。不过我们在公寓里发现了两个人的血迹，其中一个是野外摄影师的，还有一个则是'神秘先生'。"

"男性？"

"男性。"佩蒂又从旁边找到几份化验单，"啊，看看另一件有趣的事。我们在爆炸现场也发现了血迹，这次更加复杂，除了摄影师和'神秘先生'，还有一个人。你知道是谁吗？"

阿莱克斯疑惑地望了望身边的爱米丽·维森，漂亮的女FBI探员歪着头，好像也在期待他的答案。黑发的男人笑起来："天哪，难道我是诺查·丹玛斯①吗？"

---

① 诺查·丹玛斯，法国籍犹太裔预言家，生于1503年，以预言集《百诗集》闻名于世。

佩蒂·福兰克林把两张化验单和现场照片放在阿莱克斯的手里："瞧，是丹尼斯·肖恩。"

阿莱克斯脸上有一瞬间的惊愕，随即深深地皱起了眉头，他看着照片中大片的血迹，苦笑道："看来这里是丹尼斯·肖恩的遇害现场，他在这个地方被肢解了。"

爱米丽·维森点点头："是可以这样推测，而且还有彼得·帕尔默的血迹，所以我觉得那儿说不定是他们'两个人'的遇害地点。"

"如果是这样，凶手就不是摄影师，而是那个'神秘先生'。他能够进入彼得·帕尔默的公寓和暗室，说明他们的关系应该非常亲密。"阿莱克斯把化验单和照片放下，用揣测的口气说道，"而且我有一个疑问，这个人如果是在布鲁克林区杀死了丹尼斯·肖恩，为什么要到皇后区抛尸？假设厨房中的骨头真是彼得·帕尔默的，那就更奇怪了。"

"是的，凶手为什么不这样对待丹尼斯·肖恩呢？"女探员赞同他的观点，"很明显在房间里煮熟后分开丢掉会比带尸体跑那么远要安全得多。"

佩蒂·福兰克林摇摇头："事实上我怀疑凶手杀死丹尼斯·肖恩的时候，彼得·帕尔默还活着。我们测过公寓中的室温和湿度，非常适合细菌生长，所以就分析了那些霉变的干果，上面黄曲霉菌大多是黄绿色，呈半绒毛状，而这说明它们至少生长了10到14天。"

"也就是说，凶手也许就在近半个月中杀死了彼得·帕尔默，并且逐步处理他的尸体？"

"绝对有可能。"

"如果是同一个凶手,他为什么没有采用'莎乐美'断头仪式的方法来干呢?"

爱米丽·维森解释道:"阿莱克斯,你如果看看我们走访彼得·帕尔默的朋友而得到笔录就明白了,这个男人可不是清教徒。他热爱冒险,追求刺激,而且男女不拘,唯一的优点是对动物和弱者比较仁慈,但是怎么看也不是'莎乐美'会爱上的类型。"

黑发的男人觉得饥饿和不适让他的腿发软,而现在面临的新情况更令他疲惫。他随便找了张椅子坐下来,咽了口唾沫。

"好吧,我们可以从这几个方面着手。"阿莱克斯对爱米丽·维森说,"首先可以去调查彼得·帕尔默的出境记录,确认一下他是否又出国拍照了;再继续询问他的男朋友和女朋友,最后一次见到他是在什么时候、什么地方,这段时间他跟谁走得比较近;还要去检查他的车,找找里面看有没有丹尼斯·肖恩的 DNA,如果凶手从暗室抛尸到阿斯托里亚公园,那么肯定得使用车辆。"

"剩下的就得等骨骸的身份确认了,对吗?"

"是的,最有用的现场是摄影师的暗室。"黑发的男人烦恼地揉了揉脑袋,"该死,如果可以用 GPS 定位嫌疑犯的手机,我们会省很多力气。"

维森探员对此也很遗憾:"一直没有信号。从送出十字架开始他就越来越小心了。"

"狡猾的混蛋。"阿莱克斯低声咒骂了一句，拍了一下桌子。

爱米丽·维森把手放在他的肩上，轻轻地安慰道："别着急，阿莱克斯，你去休息一下比较好。"

警探有些不自然地躲开耳边温热的呼吸，重新站起来。"谢谢你的建议，维森探员。"他看了看那一堆尚未分类的证物，对化验员说，"佩蒂，如果有了新的发现，请尽快告诉我。"

"没问题，不过你得等很长一段时间。"佩蒂·福兰克林无可奈何地翻弄着那一大堆塑料袋，"瞧，从爆炸现场送来的东西太多了，刀、涂料、胶卷、铜丝、带血的织物……"

"等等！"阿莱克斯突然愣了一下，然后从她手上拿起了其中一个袋子。爱米丽·维森和佩蒂·福兰克林用奇怪的目光看着他的动作。

"这个也是爆炸现场发现的吗？"阿莱克斯晃了晃口袋，又把里面的东西倒出来：那是一件橙色的马甲，上面有些烧焦的痕迹，还有血，但仍然可以看清楚一些标签。

金发的化验员点点头："怎么，阿莱克斯，你知道这个？"

警探干笑道："哦，我只是……觉得很眼熟。佩蒂，可以先化验它吗？我要尽快知道结果。"

"当然可以。"

阿莱克斯说了声谢谢，径直走出实验室，好像有些心不在焉，甚至没看爱米丽·维森一眼。这让漂亮的 FBI 感觉非常奇怪，但她不知道的是，其实在若无其事的表情下，这个男人的内心已经动荡得像平静的海面被风吹起了巨浪。

阿莱克斯只觉得难受——

当他看到塑料袋里的马甲时，确实觉得非常熟悉，所以他很快就想到了自己在什么地方见过：昨天晚上，一个相貌没有任何特别之处的青年穿着它敲开了他的门，然后说有人给他订了比萨！

他相信自己的眼睛，那个年轻人身上的马甲和这件几乎一模一样，甚至连快餐店的标签都相同。这会是巧合吗？在纽约的无数间快餐店中，恰好有一家跟凶杀嫌疑人和负责此案的警察都有关系？阿莱克斯希望这真的仅仅是巧合，因为他立刻也想到了莫里斯·诺曼当时在场的反应——莫里斯笑着承认比萨确实是他叫的。

阿莱克斯在鉴证科的休息室里坐下来，有些烦躁地用指头敲打着桌面，翻来覆去回忆那个青年人的面目。他的脑子在短时间内涌出了各种猜测，但是都显得荒诞不经。

休息室里的电视开着，上面是零点新闻播报，迷人的女主播正在跟她谢顶的男同事一起描述今天下午的那场爆炸，屏幕上出现了冒着黑烟的窗口，闪烁的警灯和忙乱的消防队员更增加了现场的紧张感。记者在警戒线外边简单描述着事发的经过，还想追上赶到现场的鲍勃·威尔逊。那个肥胖的老黑人把担子丢给了治安官，然后就和爱米丽·维森走开了，好像在商量什么。看起来这段新闻是在阿莱克斯和比利·怀特离开以后拍摄的，黑发的男人有些庆幸自己躲过了话筒和摄像机。

阿莱克斯盯着屏幕，忽然想到了一件事情，他转过头，看着在他后面走进来的爱米丽·维森，问道："哪个电视台最先播出了那次爆炸？"

"应该是八频道新闻吧。"女探员看了一眼电视机，"现在是重播了。"

"第一次播报是在什么时候？"

爱米丽·维森古怪地看了看他，回答道："大约晚上八点，怎么了？"

阿莱克斯急忙从口袋里拿出手机，把来电记录都调出来。他的脸色霎时间变得难看极了，就好像是被人狠狠打了一巴掌。

爱米丽·维森在他身边坐下，注视着他阴晴不定的神色，劝说道："阿莱克斯，你的状态看上去不妙，我觉得你还是回医院比较好。放心吧，如果有任何进展，我会立刻告诉你的。"

黑发的男人摇了摇头，他紧紧攥着手机，没有说话。爱米丽有些吃惊地看着面前这个男人，在她的记忆里，俊美的混血儿从来没有露出这样复杂的表情——好像是愤怒，又像是失望，其中还夹杂着疑虑和伤心。

她更加不安地朝黑发警探倾过身子："阿莱克斯，别再固执了，你待在这里也没有任何帮助。佩蒂的化验结果还得等一会儿才能拿到，你——"

"抱歉，维森探员。"阿莱克斯冷冷地打断了她的话，"谢谢你的关心，我没事，只不过感觉有些累。我必须在这里等着，我可以等下去。请让我一个人待会儿，好吗？"

爱米丽·维森愣了一下，听出了他语气中的抗拒和疏离。他从来不曾用这么生硬的态度对待过她，这让干练的女探员隐约有些伤心，但并没有表现在脸上。她默默地拿起杯子，离开了休息室。

阿莱克斯趴在桌子上，把头埋进臂弯里。他能听到自己的心跳变得缓慢而坚实，一下又一下，如同沉闷的鼓点儿。他现在知道自己已经被两只怪兽给抓住了，一只叫"惶恐"，一只叫"怀疑"——

莫里斯·诺曼对他撒了谎：那个男人说是在看到八频道新闻以后担心他的安全，所以才给他打了电话。而通话记录上的未接来电全部是18点30分到19点06分的！

他在新闻播出前就知道爆炸发生了！

为什么会这样呢？阿莱克斯抱住头，痛苦地想到，还有那件橙色的马甲，真的也只是一个巧合吗？那双漂亮的、绿宝石一样的眼睛，它们的主人会在欺骗自己吗？

黑发的男人觉得身上发冷，他好像得别无选择地承认——莫里斯·诺曼，这个突然进入他生活、温暖得像阳光一样，并且让他逐渐开始喜欢的男人，很可能也被卷进了嫌疑犯的行列。

阿莱克斯就这样维持着可笑的逃避姿势，也不知道过了多久，他听到了轻微的敲门声。金发的佩蒂·福兰克林站在门边，冲他晃了晃手中的化验单："结果出来了，阿莱克斯，要看看吗？"

CHAPTER 15 不想怀疑的人

阿莱克斯突然觉得有些害怕，这种感觉和他等待离婚判决非常相像。那个时候他站在法庭里，芬妮和她的律师面无表情地看着法官，根本没理会他。他真害怕法官宣读的判决会让他失去丹尼尔，当时这个警察握惯了枪的手居然会因此而发抖，可没人看出他的恐惧，也没人能够帮他摆脱。而且不幸的是，那种担心真的变成了现实。

现在他也这样看着佩蒂·福兰克林红润的嘴唇，竟在瞬间有种想要逃避的念头。可是他必须僵直地坐在原位，表情木然地等待金发女士告诉他化验结果。

"喏，有两个，一个是骨骸的 DNA 鉴定，跟彼得·帕尔默的完全相符，看来那个被熬成汤的可怜虫就是我们的摄影师；还有一个是关于马甲的……"佩蒂·福兰克林忽然发现这个男人的脸上似乎缺少了应有的兴奋和期待，反而有些紧张，她偏了偏头，"阿莱克斯，你怎么了？"

"啊，佩蒂。"黑发警探勉强一笑，"我可能是太饿了，所以有点难受。"

化验员半信半疑地在他身旁坐下来，然后握住他放在桌子上的手：

"早点儿回医院去，阿莱克斯，你太拼命了。"

"我没事，佩蒂，告诉我……你在那件马甲上都找到了什么？"

漂亮的女士把报告单放在他面前："喏，看看吧。我们查过商标，这件马甲是'马里奥—佩德罗'快餐店的制服，店面在下东区。马甲上有血迹、火药、显影液和一些胶水，但是没有毛发。"

"血迹是属于谁的？"

"不只一个人。"佩蒂·福兰克林耸耸肩，"有彼得·帕尔默的，还有'神秘先生'。"

"又是他……"阿莱克斯沉默了一会儿，问道，"知道这家快餐店的营业时间吗？"

"网上写的是早上五点到第二天凌晨两点。"

阿莱克斯低头看了看表："现在赶过去还来得及，把马甲的照片给我好吗？哦，还有采集口腔上皮细胞的棉签。"

金发的女人有些担心地看着他，似乎想反对，但最终却点点头，叹了口气："祝你好运，探长。"

"马里奥—佩德罗"快餐店是两个意大利移民开的，以美味的比萨闻名，店面在下东区外围靠近小意大利城的艾伦街，所以赶过去要不了多少时间。当阿莱克斯抵达的时候，还有些送餐的年轻人从里面出来，提着盒子跨上路边的摩托车。

阿莱克斯径直找到了值班的经理，也是店主之一，马里奥·卡米诺，告诉他现在有一桩连环凶杀案需要他来协助调查。这可让老实本分的移民显得有些慌张，他眯起眼睛看了看马甲的照片，小心翼翼地说："这可能是我们的制服，警官，它的样式和标签都很像。"

"您的店员们每个人都有吗？"

"是的，但只有一件，而且最近我还没发现谁有制服丢失的情况。"

"能让我见见现在留在店里的人吗？"

"当然可以，警官。"经理领着阿莱克斯站在柜台后面，告诉他那些忙忙碌碌的人都叫什么名字。黑发的男人努力把记忆中的人和眼前的面孔重合起来，却失望地发现其中没有昨天晚上在他门前出现过的送餐店员。阿莱克斯皱起眉头，看见经理站在旁边等待他的下一步要求。

阿莱克斯又问道："卡米诺先生，您的店员有些不在吧？"

"哦，是的，上夜班的人会有一天的休息时间。"

"也就是说，昨天上夜班的人今天都不在？"

"是的，警官。"

"可以告诉我他们的地址或者联系方式吗？"

经理非常配合地取出了员工的登记资料，然后让警探抄下其中的一部分。阿莱克斯着重看了看那些贴相片的，可惜上面仍然没有他想找的人。他核对了抄下来的三个住址和五个电话号码，对经理的配合表示了感谢。

当他上了车以后，看到身后那个男人露出明显松了一口气的表情，可是他的心底却愈发觉得沉重了。阿莱克斯已经提不起力气再继续找下去了，一天一夜没吃东西，他感觉手脚发软，胃部的病痛也开始变得清晰。他握着方向盘的手冷得像冰一样，舌根上隐约还有血腥味儿。

凌晨的纽约已经陷入了沉睡，虽然仍旧是灯火璀璨，俱乐部和酒吧里还有放纵的尖叫，可是街道上的喧嚣毕竟是沉寂下来了，清冷的空气从车窗的缝隙中灌进来，让阿莱克斯忽然意识到现在已经入冬了。

他清理这个大苹果内部的虫子快十年了，从一个小小的警员做起，每天都跟各种恶棍打交道，盗窃、抢劫、骚扰、强奸、绑架、杀人……可没有任何案件会像手头这个一样让他感觉如此无力。他本来以为可以轻松地在工作中遗忘生活的痛苦，忘记父母的责骂和前妻的怨恨，他以为自己可以有一个机会勇敢地抛弃过去，然后诚实地生活，但现在看起来这比他预料的更加困难。他甚至有些怀疑，上帝是不是真的放弃了他，关上了他通往幸福的大门，或者是他自己因为太渴望温暖而被轻易地领到了另一条路上。

阿莱克斯的脑子太乱了，以至于当后面的车按喇叭的时候他才发觉路口的信号灯已经变成了绿色。他踩下油门，忽然看见前方一个醒目的红十字标记——原来他竟然路过了 13 街上丹尼尔住院的地方。

黑发男人犹豫了片刻，还是把车停下来，这里有两个人他都很想见一见。

病房的走廊上安静得吓人，阿莱克斯费了一番口舌，保证自己不打扰孩子们的睡眠，才被值班护士放行。

他来到丹尼尔的病房前,透过观察窗朝里面望去。

在昏暗的灯光下,他的儿子抱着心爱的泰迪熊睡得正香。而旁边坐着的男人将手支在额头上,正在读一本书,不时地关注一下孩子的动作,为他把毛毯拉高一些。这画面非常和谐,就如同一个最普通也最尽职的父亲在守护他的孩子。

阿莱克斯弯起食指轻轻地敲了敲玻璃,莫里斯·诺曼转过头,在看到他以后露出了微笑。博士放轻脚步走出来,然后关上了病房门。

"哦,阿莱克斯,你怎么这个时候来了?"绿眼睛的男人握住他的手,挺直的眉毛皱了起来,"上帝啊,你冻得像刚从南极回来。"

警探勉强笑了笑:"今天我很忙,你知道的……"

"你是要看看丹尼尔吗?"莫里斯·诺曼拉住他,"去吧,他睡得很熟,你不会吵醒他的。"

"呃,不、不,不用了。"阿莱克斯连忙摇摇头,"我只是路过,我马上还得走。"

莫里斯·诺曼看着他苍白的脸,没有再坚持,只是把他的双手揣进怀里,问道:"你没事吧,阿莱克斯,你的脸色让我担心。是因为下午的爆炸吗?你受伤了?"

"没有。"黑发的男人还是没把自己胃出血的事告诉他,"莫里斯,我很好,我只是觉得很抱歉,今天又得让你来帮我陪着丹尼尔。谢谢……"

英俊的副教授做出"受不了"的表情:"哦,你又来了,警官。我说过我很喜欢这个男孩儿，我愿意来跟他做伴，这可不仅仅是帮你的忙。怎么，你不相信自己的儿子有这样的魅力吗？"

他的玩笑让阿莱克斯挤出一丝笑容，这个男人心中一动，装作无意似的问道："我想你陪了他很久了，你说你结束辅导就过来了，你们该不是讲了几个小时的故事吧？"

"啊，我六点就赶来了，一直讲到丹尼尔睡觉。"莫里斯·诺曼有些得意地笑起来，"他都听入迷了。"

"干得不错，安徒生。"阿莱克斯淡淡地一笑，"你的辅导课是五点四十分结束的，对吗？你没休息一下就过来了？"

"学校和这里离得很近，况且波顿太太得赶回去，我想丹尼尔一个人待在病房里会很无聊。"

"谢谢你，莫里斯。"黑发的男人点点头，他得到了自己想要的消息，又恋恋不舍地朝病房里看了一眼，"我得走了，莫里斯，我还有些事情——"

"等等！"博士拽住了阿莱克斯，他漂亮的绿色眼睛柔软得像湖水一样，"给我几分钟，警官，你看上去很累，我想我有办法让你感觉好些。"

阿莱克斯有点奇怪，但还是同意了。莫里斯·诺曼和他来到休息区坐下，然后站到他身后，用手按在他的颈肩肌肉上，慢慢揉捏着。

"中医里认为人身上有'穴道'，"他对阿莱克斯说，"你一定听过，对吗，警官？"

"是的，我的父亲很相信中医。"

"真是一门神奇的医学。我听说按摩这几个部位的穴道会让人很快地祛除疲惫，阿莱克斯，把这当成我给你的第二个魔法，好吗？"

黑发的男人一怔，问道："你……从哪儿学来的？"

"唐人街，那位老先生认为我是个非常有天赋的学生。"莫里斯·诺曼弯下腰，在阿莱克斯的耳边说，"放松，警官，别着急，也别烦躁。没有什么比好好保护自己更重要了，你的工作是为死者寻求公正，这非常伟大。可是你得记住，他们毕竟已经死了，而你还活着。"

阿莱克斯身子动了一下，虽然明知他的话很无情，但在心底却感到一丝温暖。莫里斯·诺曼停下手中的动作，微笑着说："对不起，警官，我可能太冷酷了。"

"不，我明白你的意思，博士，我完全明白。"

"明天我没有课，可以好好地睡一觉。哦，对了，波顿太太说，明天下午丹尼尔就能出院了。"

"是吗？我会抽时间过来接他们的。"阿莱克斯深深地看了他一眼，说了再见，便转身离开了医院。阿莱克斯能感觉到莫里斯的视线紧紧跟随在背后，让他几乎想立刻奔跑起来，他很想直接把心中的怀疑说出来，但也知道这很冲动，而且太幼稚了。不过他已经得到了他要的东西——

如果莫里斯·诺曼下午五点四十分结束辅导课，然后立刻来医院陪丹尼尔，那他跟哈密尔顿堡的暗室爆炸就没有关系，短短二十分钟他也没有办法赶到西哈林区的教堂袭击神父。

他必须去证明莫里斯·诺曼的清白，至少……他没有在这个案子里做出伤害别人的事情。

阿莱克斯在大约凌晨两点的时候悄悄回到了自己住院的地方，可怜的比利·怀特蜷缩在病床上，像极力隐藏面孔的蚕蛹。当阿莱克斯拍了拍他的肩膀，他如同受惊的兔子一样跳了起来。

"长官，您终于回来了！"比利像溺水者看到救生圈一样，"我真害怕被医生发现。您感觉怎么样？有没有什么不舒服的地方？"

"我很好，谢谢你，比利。"阿莱克斯和他换过了衣服，"我以为你这样的男孩儿只怕牙医。"

"实际上我害怕一切能拿注射器和听诊器对着我的人，这是小时候打疫苗留下的心理阴影。"年轻的警探看着阿莱克斯在床上躺下来，然后盖好毛毯，"您要睡一会儿吗，长官？"

"是的，但我有些事情要先告诉你。"阿莱克斯看了看表，"现在是两点十七分，比利，我想你可能得辛苦一下了……"

探长把目前一些证物的化验结果告诉比利，还有自己在"马里奥—佩德罗"快餐店了解到的情况。但阿莱克斯隐瞒了他对莫里斯·诺曼的怀疑，只是说有个莫名其妙的店员昨晚拜访过他，并且回忆了那个人的长相。

"我懂了，长官。"比利·怀特点点头，掏出口袋里记着地址和电话的小本子,"现在我就带人去查昨天上夜班的送餐店员,重点是您描述的那个人。"

"小心点儿,比利。如果他真的是凶手,那么他已经杀害了四个人,而且还想炸死我们,他非常危险。"

"我明白,长官。"青年站起来,"明天早上我会来告诉您结果。"

阿莱克斯点点头,闭上眼睛。他真的无法再撑下去了,柔软的枕头让他连一根手指都不想动,他很快就睡着了。这一觉舒服得过头了,甚至连噩梦都没有,阿莱克斯的脑海中维持着一片空白直到天亮。

大约五个小时后他醒了过来,睁开眼就看到矮个子的主治医生走进病房。

"睡得怎么样,警官?"

"很舒服,就是感觉非常饿。"阿莱克斯说的是实话,他觉得身上又有力气了,肚子里却空荡荡的。

"如果您等会儿检查之后没有问题,就可以吃一点儿流质食物。"医生安慰说,"放心,只要配合治疗,您会康复得很快。瞧,您现在气色比昨天好多了。"

阿莱克斯笑笑没说话,他知道自己经过昨夜的混乱思索之后,仍然得朝前走,除了振作些,别无选择。

好在他的恢复情况还不错,这让矮个子医生非常满意,因此当阿莱克斯提出要回警察局一趟的时候,他也没有反对,只是提醒黑发的男人别吃固体食物,别进行剧烈运动,等他胃里的 J 型水夹自动脱落以后就好了。

大约八点多时,阿莱克斯和比利·怀特在医院碰头了。

年轻人的眼睛浮肿，头发也很凌乱，看来过去几个小时他忙坏了。

"怎么样？"阿莱克斯看着他沮丧的表情，问道，"我猜你一定没找到嫌疑最大的那个人。"

"的确如此，长官。"比利·怀特说，"我按照地址和电话号码带人去查过了，有五个人都在家，还有两个在PUB里玩，只有一个人找不到。"

阿莱克斯接过他的记录本子，看了一下。

比利·怀特指着其中一个名字："喏，就是这个叫做伯纳德·斯派克的。我们没有见到他的相关照片，不过他同事对他的描述和您说的很像，长官。他长得一点儿也没有特别的地方，不过经常戴着帽子，从来没取下来过。他喜欢一个人独来独往，和店里的人都不熟，有一个店员说曾经见到过一辆悍马车来接过他，除此之外就没有什么能让人记住的了。"

"还有什么发现吗？"

"哦，对了，查理给我打过一个电话，他说那张唱片的销售记录已经查到了。这样的古典音乐唱片销量不算大，况且迪卡公司的销售渠道很正规，所以很好查。经过筛选以后最近卖出去的《莎乐美》CD共有96张，然后用信用卡消费的顾客中有一个叫做彼得·帕尔默，他是在四天前购买的，地点在豪斯顿唱片行哈密尔顿堡的分店。"

阿莱克斯想了想："如果彼得·帕尔默已经被杀了，那么使用他的信用卡购买CD的人很可能就是凶手。"

"长官，他是不是我们要找的'莎乐美'？"

"我不知道，比利。"阿莱克斯说，"但现在的线索让我能想到的是，这个人和彼得·帕尔默有亲密的关系，他的很多行动都是跟那个男人联系在一起的，可是出于某种原因他最后杀死了野外摄影师。先去鉴证科吧，我得让玛尔莎把我记忆中那个人的肖像画出来。"

"啊，是的。"青年想了想，"我们还可以拿着画像再去找找彼得·帕尔默的朋友们辨认一下，看看他们能想起点儿什么。"

阿莱克斯点点头："你说得对，只要他们曾经在一起，多少都会有些人知道。"

他们朝停车场走去，阿莱克斯口袋里的手机响了起来，他看了看号码，是爱米丽·维森打来的。探长想到昨晚自己对她的生硬态度，突然有些抱歉，他按下通话键，有些尴尬地问候道："早上好，维森探员。"

"你好，阿莱克斯。"美丽的FBI口气如常地在那头说，"我想你好些了，是吧？"

"好多了，我正和比利赶往鉴证科。"

"我也正想问问你是不是要过来。"

"怎么了，有什么发现吗？"

"是的。巡警找到了彼得·帕尔默的车。"

阿莱克斯顿了一下："我猜，一定是一辆悍马。"

"是的。"爱米丽·维森惊讶地问，"你怎么知道？"

CHAPTER 16 沉重的过往

在鉴证科的车库中停放着一辆红色的悍马 H3，车门被大大地打开，一个男人拿着手电筒检查轮胎和底盘。阿莱克斯和比利·怀特来到这个地方的时候，爱米丽·维森正站在车旁边，和佩蒂·福兰克林说着什么。

"早上好，女士们。"阿莱克斯向她们问候道，"看来你们一夜没睡，辛苦了。"

金发的化验员在看到他时一如往常地露出迷人的微笑："你好，阿莱克斯，你看起来好些了。"

"是的，这得感谢医生和比利。"黑发的警探走到他们身边，看着FBI，"还得谢谢你，维森探员，你在我无法动弹的时候让调查工作继续下去，你帮了我大忙。"

爱米丽·维森笑了笑："我很愿意这样做，阿莱克斯，这也是我的工作。"

她是一个职业精神很强的女性，并不会为昨晚受到的冷遇而耿耿于怀。阿莱克斯完全明白这一点，但他天生的柔软性格却仍然让他在说话的细微态度上表达了自己的歉意。爱米丽·维森也感觉到了这一点，她脸上的笑容表明她知道阿莱克斯的意思，并且接受了他含蓄的善意。

阿莱克斯探头看了看车子里边，问道："在哪儿找到的？"

"就在暗室下面的停车场第三层。"爱米丽维森回答，"管理员说这车很少开进来，我想这大概跟彼得·帕尔默的职业习惯有关，他只有拍照回国时才会到这里冲洗相片。"

"问过最近的情况吗？"

"是的，在前天晚上管理员值班的时候，这车开出去过。"

阿莱克斯皱了皱眉头："在车上找到了什么东西没有？"

佩蒂·福兰克林走上来，双手插在口袋里："当然，除了彼得·帕尔默本人的皮肤组织、头发样本，还有一些织物纤维。经过化验，这些织物纤维和那件快餐店马甲完全一样。哦，对了，我们还在后座上找到了丹尼斯·肖恩的血迹。"

阿莱克斯墨蓝色的眼睛里露出一丝光亮："真是好消息，这样一来链条就接上了。"

比利·怀特也兴奋起来，他年轻的面孔泛红地说："长官，这辆车是抛尸用的！看来和彼得·帕尔默在一起的'神秘先生'就是凶手！"

"是的。"女化验员歪了歪头，"我们在爆炸现场还发现了一个通讯记录本，上面有爱德华·班特和克里斯·里切路卡雷的地址、电话，那两页里甚至贴着他们各自的头发，看起来是凶手收集的纪念品。不过我们还是没有在车上发现'神秘先生'的指纹。"

"也许凶手戴了手套，也许他杀人时包住了刀柄，不过这些都不是最重要的。"阿莱克斯说，"佩蒂，我现在可以做一个嫌疑犯的外貌描述，让玛尔莎帮我画出来吧。"

"好的，我去叫她。"金发女人点点头，向电梯走去。

"维森探员，"阿莱克斯对爱米丽说道，"等画像出来，你和比利可以去让彼得·帕尔默的朋友们辨认一下是不是'马里奥—佩德罗'快餐店的伯纳德·斯派克，然后我们就能够发出通缉令了。"

褐色头发的女探员奇怪地看着他："怎么了？你不亲自去吗？"

"哦，实际上我还有一个疑点需要去确认。"阿莱克斯笑着说，"虽然发现了这辆悍马以后这个疑点已经不算最重要的，而且凶手的大致轮廓已经出来了，但我还是得彻底解决它。"

黑色头发的男人含糊不清地给 FBI 做出了解释，即使被那双漂亮的眼睛用疑惑的目光望着，他也没有说得更多。在阿莱克斯看来，让他高兴的是，至少在这辆车里发现的东西进一步确认了凶手，而莫里斯·诺曼的嫌疑相对减轻了不少。他现在得做的是去纽约大学华盛顿广场附近的校区核对博士的工作时间，证明他在这个案子里除了给警方提供协助以外，并没有任何其他的举动。

今天的天气不算太好，九点多钟的时候太阳还躲在云层里没有出来。

虽然空气很干燥，但是风却不小，刮得人皮肤生疼。阿莱克斯坐在明亮的大办公室里，怀念自己上一次到纽约大学校区里遇上的好天气。

"是要查找莫里斯·诺曼博士的工作日程安排吗？"头发泛白的女人从镜片后面看了他一眼，慢腾腾地摸索着电脑键盘。

"是的。只是他昨天的课程安排。"

"诺曼博士怎么了？"这个老妇人用刻板的腔调问道，"他是个好老师，是个可爱的男人，我想他应该不会得罪警察吧？"

"他确实没有，不过事关警方机密，我不能告诉您。"阿莱克斯有些不耐烦地赔笑道，"夫人，我只是要核实一些情况。"

"是布鲁斯小姐。"这个行政人员纠正道。

"好吧，布鲁斯小姐，您什么时候可以告诉我结果呢？"

老妇人推了推眼镜："您得等等，警官。今天早上那个程序员，染红头发的小伙子，他说系统出了毛病，运行会很慢，他正在检修。"

阿莱克斯苦笑道："好吧，小姐，我就坐在那边。如果您找到了莫里斯·诺曼博士的工作日程，就叫一声'李探长'好吗？"

"是，探长。"

阿莱克斯在心底叹了口气，站在窗户边上无聊地摆弄手机——比利他们还没有回音，这说明他们的调查还没有得到想要的答案。黑发的男人抬头看着外面飘零的黄叶，又想到现在已经十二月份了。天上厚厚的云层可能预示着今年的第一场雪，也告诉纽约人圣诞节快来了。他已经向老鲍勃要到了更长的假期,可以带着丹尼尔去南方。不过现在阿莱克斯还有一个奢望,希望他们的小小旅行团再多一个绿眼睛的男人,如果能抛开那些烦心事和自己最在乎的人一起度过一个假期,那将是多么美妙的事情。

现在凶手的信息越来越明朗,只要证明了莫里斯·诺曼跟那个人的行动没有什么关系,阿莱克斯就可以放心完结这可怕的案子,不把身上沾染的血腥味儿带到圣诞节去。他太累了,所以迫切地想把一切都结束,但是他并不想承认迫切的心情是源自于怀疑和恐惧。

"抱歉,警官,可以打搅您一会儿吗?"

背后突然传来一个苍老的声音,阿莱克斯回过神,连忙转身。他看见一个身材矮胖的老人正站在两码远的地方向他微笑。

"啊,您好,先生。"阿莱克斯问候道,"有什么事吗?"

头发和胡须都雪白的老人客气地掏出名片:"我是汉斯·马丁医生,我有一间心理诊所,就在57街。如果您接触过需要心理鉴定之类的犯人,或许听说过我。"

阿莱克斯看着烫金的名片,有些抱歉地摇了摇头:"您一定很杰出,马丁医生。但是我想我暂时不会跟您有什么合作——"

"别误会,警官。"老人笑起来,"实际上我是为莫里斯·诺曼博士找您。"

阿莱克斯露出了诧异的表情。

"是这样,我刚才站在您身后,我听说您要核实莫里斯的工作日程,他没惹上什么麻烦吧?"

"您是他的朋友，马丁医生？"

"是的。"老人笑起来，"而且我也是他的心理辅导医生。"

阿莱克斯有些意外，但是并没表现出来，他脑子里转过一个念头，然后用平静的口气说道："医生，不介意的话我们可以坐下来谈谈。"

"啊，好的。"

老人和他一起走到最僻静的角落里，坐了下来。他留着络腮胡子的圆脸上有一双宽厚、慈祥的小眼睛，让人觉得亲切善良。

"莫里斯是不是有什么麻烦，警官？"他用担忧的口气问道，"您知道，他平时很好。"

阿莱克斯含含糊糊地回答："说不上是麻烦，不过是给他洗脱一些糟糕的嫌疑。或许您告诉我的情况也很有帮助。"

"我很愿意，警官。"马丁医生点点头，"他怎么了？"

"这是警方的调查，我不能说得太多，我只能告诉您是关于谋杀案。"

"谋杀？"老人睁大了眼睛，"这太可怕了，警官。莫里斯的心理辅导一直都很顺利，应该不会再有攻击行为的。"

阿莱克斯皱起了眉头："哦，攻击？"

"那是他青少年时期的问题，自从他进入大学以后我就负责他的心理辅导，他已经逐渐克服了那些暴力的倾向，他最近五年都没有伤人了。"

阿莱克斯忽然觉得心惊肉跳，他勉强克制住心头的不安，问道："能告诉我他的详细情况吗？"

汉斯·马丁医生露出踌躇的表情："警官，我不能泄露病人的材料，这是犯法的。"

阿莱克斯把自己的警官证给老人看了一下，然后劝说道："我是负责这个案件的探长，我到这里来是为了帮助诺曼博士。警方曾经看过他的档案，了解到他年轻时有一些打架斗殴的行为，但是自从工作以后一直没有犯罪记录，所以我们相信他是个守法的公民。马丁医生，我也希望能够证明诺曼博士和谋杀案无关，您告诉我他的情况只会让我知道怎么做才对他有利。您可以信任我，医生，我愿意把这次的谈话作为私人性质的聊天，而不会要求您作证的。"

老人用探究的目光打量着阿莱克斯，最终拍了拍膝盖。"好吧，警官。"他说，"我可以有保留地告诉您一些东西，但这是出于一个朋友的立场而非医生。"

"我完全明白，医生。"

老人想了想，说道："您要知道，警官，我很喜欢莫里斯，他是一个聪明的年轻人。从他19岁开始我就认识他，一直到现在。他就像我的儿子一样，我们比一般的医生和病人更加亲密。"

"您的意思是从他19岁开始就接受您的治疗？"

"是的，到现在已经17年了。"

"为什么会有这么长的时间，他到底得了什么病？"

"不能说是病，警官，应该说是一种不健康的情绪和心理障碍。"汉斯·马丁医生摇摇头，"请别当他是个病人。当年他在明尼苏达州的圣克劳德报考了哥伦比亚大学，他确实很出色，但是他整个中学时代有很多斗殴记录。他的成绩在当地就和他的拳头一样有名。"

"那可真看不出来啊。"阿莱克斯嘟囔了一句。

"是的，警官，他看上去文质彬彬，对吧？"医生笑了笑，"当时我作为哥伦比亚大学心理学的客座教授，受邀给他做了一个测评。我觉得这个孩子天赋很好，只是在心理上有些障碍，喜欢用暴力解决问题，所以认为他可以进入大学一边治疗、一边念书。上帝保佑，治疗很顺利，他进步得也很快，不过只是暴力行为减少了，他的心理障碍依然没有克服。直到他毕业后开始进修，有了独立的研究能力，出版了第一本书，然后才脱离了心理上的阴影。"

阿莱克斯不解地问道："是什么心理障碍？怎么治疗持续这么久？"

汉斯·马丁医生看了他一眼："请原谅，警官，我不能告诉您。那跟他的童年有关系，他只告诉过我，我也不准备告诉第二个人。"

阿莱克斯又想了想："马丁医生，诺曼教授出版的第一本书是不是《割断头颅与占有爱情》？"

"是的。"老人惊讶地看着他，"怎么，警官，您也读过？"

"是的。"

"写得很不错。我就是看了他的书才逐渐相信他已经摆脱了过去的影响，从那以后我们的治疗就变得越来越轻松了。这些年他来我的诊所与其说是例行检查，倒不如说是和我轻松地聚一下。所以根据我的了解，无论您调查什么样的谋杀，莫里斯绝对不会牵涉进去的。"

阿莱克斯虚弱地笑了笑："当然，马丁医生，我也是这样由衷地希望，或许我比您更愿意相信他和那些案子无关——"

"李探长！"

房间那头传来了行政人员的声音，打断了阿莱克斯和老人的交谈。黑发的男人起身握了握医生的手，向他保证自己会考虑他的话，尽量寻找对诺曼博士有利的证据。

"必要的时候我也愿意作证。"老人对他说，"请相信我，警官。"

"谢谢您，马丁医生。我会考虑的。"

阿莱克斯和他道别，然后走向布鲁斯小姐的办公桌。老妇人古里古怪地看了看他，然后指指屏幕："查到了，探长，您需要莫里斯·诺曼博士哪一天的上课记录？"

"昨天的，小姐。"阿莱克斯好脾气地重复了一次。

"昨天他没有上课，探长。"

阿莱克斯只觉得心头一紧，又追问道："全天都没有吗？他下午应该有辅导课吧？"

"没有，探长。昨天他的学生们参加了一个大型的社团活动，全天的课都取消了。"

阿莱克斯浑身僵硬，只觉得从手指到心脏都被冻住了。他看着满脸皱纹的老妇人，在她的眸子里倒映着自己可笑的表情，就像一出滑稽剧的演员。阿莱克斯很想说声"谢谢"，然后转身离开这儿，但是他的身体却没有听从指挥。他的另外一半大脑全部在回响着一句话：

莫里斯·诺曼撒谎了！

黑发的警探愣在原地，就在对面的老妇人考虑着是不是要叫他一声的时候，他口袋里的手机响了起来。阿莱克斯什么也没说，只是面色苍白地向门外走去，后面的行政人员为他的不礼貌送去了一个鄙视的眼神。

"长官，"手机里传出比利·怀特生气勃勃的嗓音，"维森探员和我找到了见过伯纳德·斯派克的人，她是彼得·帕尔默的朋友。她说画像上的男人曾经跟摄影师一起出现在一个酒吧，不过后来就没去了……长官，你在听吗？"

"是的，比利，我在听。"阿莱克斯竭力用发痛的喉咙保持平静的语调，"说下去……"

"好的，长官。我们把画像分别拿给彼得·帕尔默以前的朋友。他们有些说这个人很面熟，有些则完全不认识。但跟彼得·帕尔默关系比较好的人还是能够辨认出伯纳德·斯派克，他们说帕尔默爱上斯派克了，而且非常认真，他们是住在一起的，但是因为斯派克不喜欢社交活动，所以他们减少了外出的次数。"

阿莱克斯咳嗽了两声："很好，比利……那么，马上去查查这个人，看看他有没有犯罪记录，我会去鉴证科，问佩蒂他们有没有新发现。"

"啊，其实还有一件事，长官，你最好先去医院。"

"我的胃现在很好。"

"不，不，长官。"比利笑起来，"我是希望你去看看马修·奥立弗神父。刚刚医院来电话说他醒了，我们可以有二十分钟的询问时间。"

"好吧，我先去，咱们在医院碰头。"

洁白的走廊尽头是间特别病房，要来到这里得出示有效证件，并且经过两道关卡。这里比起医院别的地方来说安静得简直像天堂，因为这里听不到任何痛苦的呻吟，房间都是隔音的，就是在外边唱摇滚，里面的人也可以好好睡觉。通常只有重刑犯和特别证人会享受到这样的优待，只要没死，来到这里的人都能够好好地活着走出去。

阿莱克斯面无表情地看着粗壮的警察站起来，让开一条路，使他和医生能够进去。房间里很干爽，却充满了药水味儿，一个护士正在检查病人的输液管。

戴眼镜的医生看了看手表，叮嘱道："你只有二十分钟，探长。别问过于尖锐的问题，不能让病人太激动。"

"我明白。"

医生招了招手，让护士和他一起出去了。

阿莱克斯在病床边坐下，看着马修·奥立弗神父。这个年轻的神职人员有气无力地躺在枕头上，原本俊美的面孔白得像纸一样，嘴唇淡得近乎无色。他脖子上缠着厚厚的绷带，手上挂着输液管。

"您好，神父。"阿莱克斯轻轻地说道。

马修·奥立弗神父睁开眼睛，他蓝色的眸子黯淡了不少，但是仍然对着阿莱克斯绽放出一丝微笑："您好，警官……"

"您能没事真是太好了。"

"是的……上帝保佑，他对我很仁慈……"

阿莱克斯没有发表评论，他关心的事情可不是神力。"我们的时间不多，神父。"他直截了当地问，"我希望您告诉我，是不是还记得自己被袭击的经过。"

"当然，怎么可能忘记……"奥立弗神父挣扎着在胸前画了个十字，"那太可怕了……我无论如何也没想到。"

"跟我说说经过。"

"好的，警官……"他吞了口唾沫，费力地回忆起来，"我……当时正在休息室，圣坛助手们刚刚离开，我要准备明天的一个婚礼，所以就打算收拾法衣。有一个男人……他走进来说，他要忏悔……"

"忏悔？"

"是的，他这样告诉我。"

"他长什么样？"

"啊……个子很高，相貌平平，戴着鸭舌帽和手套……就像街上随处可见的青年人。"

"有没有什么特别的地方?"

马修·奥立弗神父困难地摇摇头:"不,没有。正是因为他太普通了,所以我根本没在意,就让他进来了。他说想喝点水……我给他倒了……就在这个时候,我发现他往我的杯子里加了东西……"

阿莱克斯愣了一下:"您怎么知道?"

"啊,警官……"神父得意地笑了,"我的面前刚好有一个金属茶杯。"

"然后呢?"

"我没喝那杯水,他开始胡乱说话,越来越激动,然后就突然抽出了一把刀……"

"是什么样的刀?"

"像是一把剁刀,有一英尺长,插在他的腰上……我的上帝,他的表情简直像魔鬼一样……那个坏蛋,他一下子就砍在我脖子上……但是我早就提防着他,所以闪开了一点儿……"

"您倒下去了?"

"是的,我被吓坏了?"

"为什么他没有继续?"

"为什么?"神父停了一下,"因为这个时候刚好有人来了。"

阿莱克斯觉得心跳突然加快了,他倾过身子,急切地问道:"是谁?"

"我不敢肯定,我当时倒在地上,伤口出血,而且那个人马上就跟凶手厮打起来了……我听见他的声音,很像是莫里斯·诺曼博士。"

[CHAPTER 17 抽丝剥茧]

阿莱克斯的身体忽然颤抖了一下，就像有一根细小的针刺中了他最敏感的神经，他觉得嗓子发干，一时间竟忘了自己下一步该问什么，直到病床上的人看着他发青的脸，担心地说道："您没事吧，警官？"

　　阿莱克斯做了个深呼吸："是的，神父，我很好……"

　　"您的脸色比我这个受伤的人还要糟糕。"神职人员弯起了嘴角。

　　黑发的男人笑不出来，他形式化地补充了一句："神父，您……能肯定自己当时没听错吗？"

　　"哦，警官，我和他可是激烈地辩论过……"

　　"啊，我想起来了……"阿莱克斯苦笑道，"是的，在那天晚上。"

　　莫里斯·诺曼主动提出要帮助他，他为他的案子出了很多主意，告诉了他很多相关的背景和细节，难道这一切都是有目的吗？在那张英俊的面孔后面还藏着一些不为人知的过去，这些被面纱遮蔽起来的东西使得阿莱克斯觉得原本亲近的人变得越来越陌生了。

　　现在他无法逃避，必须得面对一个现实——莫里斯·诺曼，那个总是露出灿烂笑容的男人，确确实实是被卷入了"莎乐美"的连环谋杀案，并且在其中起了很微妙的作用。

就在阿莱克斯努力想把这些令人不安的念头压下去时，病房的门开了，比利·怀特和爱米丽·维森走进来。他们的出现挽救了黑发警探有些混乱的情绪，神父的注意力也被岔开了。

"看来您比我们快，长官。"灰眼睛的青年愉快地冲阿莱克斯打招呼，然后向躺在床上的马修·奥立弗神父表示慰问，"您好，神父，很高兴您没事。"

爱米丽·维森把一个温热的东西塞到黑发警探的手里："我在路上买的，我想你需要它。"

阿莱克斯低头一看，是一瓶加热过的罐装牛奶。

"你现在只能吃这些，对吗？"美丽的女探员眨眨眼睛。

"呃……是的，谢谢，非常感激。"阿莱克斯朝她笑笑，把她带到病床前，"神父，我得给你介绍一下FBI的特派员，爱米丽·维森探员，她也参与了这个案件的调查。"

"您好，神父，看到您没事真的太好了。"女探员在床边坐下来，"请放心，我们很快就会抓住凶手。希望您康复以后能为我们出庭作证。"

"当然，维森探员，我很乐意。"

"实际上您是我们最重要的目击证人。"阿莱克斯说，"您或许该看一下嫌疑犯的长相是不是跟您见到的一样。维森探员，可以把画像给我吗？"

爱米丽·维森掏出了一张复印件，上面是一个炭笔和计算机合成的人脸。她把这张纸展示给病床上的人，马修·奥立弗神父努力辨认了一会儿，肯定地点点头。

"是他。"神职人员说，"袭击我的就是这个人。"

"您肯定？"

"是的，他长得很普通，如果不是您给我看画像，我简直无法描述他的五官。"

阿莱克斯点点头："那么我请您再想想，这个人真的一点特别的地方都没有吗？"

俊美的神职人员皱起了眉头，思索半天，眼睛忽然一亮："啊，对了，我当时觉得有一件事很奇怪：他走进来的时候我完全没有发觉，那是因为他走路时没有任何脚步声。"

爱米丽·维森看了阿莱克斯一眼，马上追问道："他的动作很轻吗？"

"不，探员。"神父解释道，"我的休息室地板……您去看过就知道了……是加高过一层的空心木地板，很容易响……即使脚步很轻，可是鞋的硬底子碰到也会有声音的……这是为了让圣坛助手们随时知道我在房间里而设计的。所以……当时我觉得他进来而我没听到脚步声，这很不同寻常……"

阿莱克斯转了转眼珠，却没有说话，维森和比利·怀特脸上也是一副迷惑的神情，但是他们都没有把心中的疑问立刻表露出来。阿莱克斯继续问道："还有一件事，神父。您说那个人来到休息室后跟您说过话，他说了些什么？"

伤员困难地闭上了眼睛，想了一会儿。"很混乱……"马修·奥立弗神父回忆道，"他说他很爱一个人，却又很恨他，好像是无法控制自己想伤害他的念头……唉，又是一个同性恋……"

"他没有说清楚究竟是谁吗？"

"没有，他只是不停地倾诉，说他很痛苦，没有人爱他……我告诉他这是有罪的，他得抛弃那些邪恶的想法，然后才能得到解脱和宽恕……他好像根本就没有听我说什么，我觉得他说话不太对劲，简直像是在背台词……"

"或许是《莎乐美》的台词吧？"

"这我可不知道，反正一连串的比喻……杂乱、绚丽、歇斯底里……他的情绪越来越激动，所以我就按照他的要求给他倒杯水，就在那个时候我发现了他往我的杯子里加东西……我觉得他很危险……再后来，他就开始咒骂，然后抽出了刀……"可怜的神职人员摇摇头，"我的上帝啊，真是太疯狂……"

阿莱克斯拍了拍他的手臂："我明白了，神父。别担心，我们会抓住他的。从您受伤到昏迷这段时间里，您还看见了什么？"

"抱歉，警官。那个人砍伤我以后就往我的嘴上捂了块纱布……我听见诺曼博士叫了声'住手'冲进来，然后我闭上眼睛就失去意识了。"

"诺曼博士？"旁边的两个人异口同声地问道。

"是的，他就是恰好救了神父的人，具体的情况现在还不清楚！"阿莱克斯简单解释道，又低头看了看手中的画像："那个咱们先不谈。神父，您是不是曾经在布道的时候见过那个凶手？"

"噢，警官，我可不能把每个人记下来……但我想他不会是'坚贞者'协会的成员，没有一个信上帝的人会干这样的事情。"马修·奥立弗神父再次变回了圣徒的模样，他严肃地说，"警官，您可以确认这样一个事实：想更好地爱上帝的人，绝对不会因为自己很悲伤很痛苦而把不幸带给别人，主只教导我们爱，而不会教我们恨。"

阿莱克斯并不想反驳他，只是淡淡地一笑："是吗……但愿如此。"

医生很快就来结束了这次谈话，他告诉警探们病人必须休息了。于是阿莱克斯握了握神父的手，向他表示感谢，然后和其他两个同事走出病房，在僻静的休息区里坐下来。

黑头发的男人把身子靠在椅背上，长长地喘了口气，然后对女FBI说："好了，维森探员，现在我们暂时有点时间整理目前为止得到的情况。可以把你们走访的结果详细说说吗？"

"好的。"爱米丽·维森点点头，"我们把画像发给了巡警，然后分头去确认，最后有一个叫萨曼莎·迈克斯韦尔的女人说她见过画像上的男子。她曾经是彼得·帕尔默的女朋友，不过后来他们分手了。三个月前她去42街的公寓拿自己的东西时，看到这个伯纳德·斯派克和她的前男朋友在一起。"

"她能肯定吗？"

"女人对情敌都很在意的。"漂亮的FBI探员说，"她对这个人印象深刻的原因在于，他长相普通，而且没有头发，手上还缠着绷带，怎么看也比不上她。"

"迈克斯韦尔小姐对此耿耿于怀。"

"是的，她说她能够感觉出来，彼得·帕尔默是真的爱上那个人，因此觉得更加不可思议。"

"查到这个伯纳德·斯派克的资料了吗？"

"没有，长官。"比利·怀特回答说，"我打电话让警察局里的人查过，姓名相同的倒是很多，可惜没有符合特征的，我们估计不是他的真名。"

"好吧。"阿莱克斯搓了搓双手，"现在很多线索都有了，我们试着来把整个案件梳理一下，看看还缺什么东西？"

爱米丽·维森和比利·怀特都点了点头。

阿莱克斯掏出身上的香烟，抽出五根排在塑料椅子上，然后把其中一根掐去了过滤嘴："现在我们一共有四个受害人，按照死亡顺序来说，应该是丹尼斯·肖恩、彼得·帕尔默、爱德华·班特和克里斯·里切路卡雷，而凶手——"他举起那根被掐去过滤嘴的香烟放在旁边，"——是一个化名为伯纳德·斯派克的男人，他是彼得·帕尔默的男朋友。这个人和野外摄影师同居，在快餐店做事，按照他的同事的描述，是一个内向、沉默的家伙。他虽然是光头，可那些快餐店店员并没有提及这一点，说明他外出的时候是戴了假发和帽子的。他第一个杀害的对象是丹尼斯·肖恩，他们怎么认识的我们还不知道，但是可以肯定的是，他从肖恩的身上得到了'坚贞者'协会的十字架，也许同时还知道了协会的各种情况，甚至参加过神父的布道。"

"这样一来，他就有可能认识爱德华·班特和克里斯·里切路卡雷。"比利·怀特插嘴说，"但是为什么他会先杀死自己的情人呢？"

爱米丽·维森猜测道："啊，关于这个我想能够理解。按照他挑选的死者来看，这个人喜欢传统道德观很强的正人君子，特别是那些严格遵守天主教戒律的年轻男性，因此作为双性恋，并且恋爱史过于精彩的彼得·帕尔默很明显不是他理想的对象。而按照他的性格分析看来，他不能接受任何形式的爱，他会继续去寻找情人，然后就碰上了倒霉的丹尼斯·肖恩。"

阿莱克斯点点头："嫌疑犯收入低微，跟彼得·帕尔默住在一起，加上摄影师又爱上了他，所以他的出轨很容易被发现。现在他杀死帕尔默也许有两个动机，一是他的男朋友发现了他跟别人来往，所以被杀；二是他杀死丹尼斯·肖恩的事情被同居人发现，所以他就把帕尔默冷冻起来，一次次地熬成肉汤。"

比利·怀特吐了吐舌头："太恶心了。"

阿莱克斯拿起第三根香烟："爱德华·班特，他是一个乐于助人的家伙，所以伯纳德·斯派克很容易就把他约出来，在'假日'旅馆里杀了他，然后是下一个目标，克里斯·里切路卡雷。很明显，他事先跟药剂师说好了，所以轻易地取得了他的信任，进入了他的房间。"

"不过这个案子之后，他的杀人计划就改变了。"爱米丽·维森说，"阿莱克斯，伯纳德·斯派克在此之后的行为更加有目的，从他送来断头的十字架可以看出，他把目标放在警方身上。"

"是的，还有那盘有暗示意味的CD，最后是莎乐美的涂鸦，他一直在给我们出谜题。他引诱我们进入暗室，想炸死我们，然后又去杀害马修·奥立弗神父。"阿莱克斯把香烟放回原位，"不过我有种感觉，他会对神父下手，其动机跟杀死爱德华·班特他们不太一样。"

爱米丽·维森表示同意："嗯，我也有同样的想法。他杀死丹尼斯·肖恩可能是出于偶然，因为他虽然砍掉了死者的头，但是却用丢弃的方法来处理尸体，仪式的意味还很少，而这样的谋杀带给他了一种性刺激或者是满足，所以后来在杀死班特和里切路卡雷的时候就熟练多了。他开始诱导警方，杀人目的也变得复杂了。阿莱克斯，按照你告诉我的情况，马修·奥立弗神父会成为他的目标很正常，那个虔诚的宗教狂跟施洗者约翰有点相像，他们面对渎神的行为时都咄咄逼人。但是奥立弗神父的言辞带有攻击性，与温柔的教员和药剂师完全不同，这个时候伯纳德·斯派克杀他与其说是满足自己的欲望，倒不如说是刻意去迎合《莎乐美》的戏剧框架。"

黑发的警探笑了笑："是的，我就是这个意思。"

青年人忍不住问道："长官，我不明白的是他为什么要先用下药的方法？为什么在砍伤神父之后又用浸过哥罗芳的纱布去蒙昏他，如果干脆利落地下手或许已经杀死对方了。"

"比利，你要知道，我们从神父的说法里能看出他对斯派克有些戒备，凶手没能像对待班特和里切路卡雷一样直接动手。他不能靠近神父，所以才下药，而为了避免他挣扎，又弄昏了他。"

"他准备得很充分。"爱米丽·维森说，"由此可见他在干这件事的时候确实很注重过程的仪式性。"

阿莱克斯用手指弹了弹掉过滤嘴的香烟，说道："斯派克先生给我送来了 CD 以后就开始布置暗室里的陷阱，从炉子上炖肉的情况看来，他离开哈密尔顿堡的时间比我们早不了多久，他最好的打算是爆炸发生以后也解决掉神父。维森探员，你曾经给我说过他作案的动机有所改变是由于那段时间中的某件事情刺激了他。"

"是的，我是这样说过。现在我仔细想想，这可能性越来越大，而且我觉得他的目标不光是警方，甚至具体到个人身上。阿莱克斯，你想想看，他送来断头的十字架时，接到的是你；送来 CD 以后，纸条上写的是'给你的礼物'，当然了，也许是'给你们的礼物'，但是他指定的收件人却是你。这让我怀疑他把具体的目标放在了你身上。"

阿莱克斯愣了一下，他回想起前天晚上送到家门口的比萨，立刻觉得背上有股寒意，他明白褐色头发的女探员或许说得很正确。

爱米丽·维森从他手上接过那根香烟，问道："阿莱克斯，好好想想，你在整个案件中做过什么特别的事情，或者是接触过什么特别的人？"

黑发的警探没有回答，但是心底却在苦笑，他知道这是不可能说出口的。

"啊，对了，长官！"年轻警探忽然像想到什么似的叫起来，"奥立弗神父说他昏迷前听到了诺曼博士的声音，他说他喊了'住手'！那么当时是因为这个缘故嫌疑犯才没有得手吧！可能房间里的打斗痕迹是诺曼博士和凶手搏斗留下的，他救了神父！"

爱米丽·维森问道："诺曼博士那天上午还为我们辨认 CD 音乐。"

"是的，"比利·怀特回答，"从爱德华·班特的尸体被发现开始，他就为我们提供相关的资料和背景分析，老鲍勃查过他的档案，他很安全。"

"那他为什么会出现在那里？而且，如果是他救了神父，为什么他后来没有报警，也没有通知我们？他是非常重要的目击证人啊！"

阿莱克斯哼了一声："是的，我也很想知道这到底是怎么回事。"

"长官，需要去找他吗？"

黑发的警探想了想："让我一个人去吧，我想跟他单独谈谈。"

CHAPTER 18 揭开真相的面纱

阿莱克斯记得自己以前非常喜欢玩填字游戏，甚至到了痴迷的程度。在他抑郁的大学时代，他远远地躲开同学，用一支铅笔和一张纸打发时间。他把自己多余的精力放在那些方格子里，绞尽脑汁寻找正确的字母。他知道玩这种游戏的要点在于每个格子里都只能有一个正确的选择，错了任何一环都会引起一连串的谬误，最终导致整个游戏无法完成。

现在他一个人坐在医院的走廊上，稍稍喘了口气，知道自己必须去寻找这个案件中填错的格子。

爱米丽·维森已经回警察局了，她要提前去安排搜寻和抓捕伯纳德·斯派克的事宜，而比利·怀特也被他赶去了鉴证科，因为要向老鲍勃汇报他们的推断发现，并随时向他转达最新的证物化验结果。阿莱克斯私自违背了"两人行动"的规则，只打算独自去见见莫里斯·诺曼——那个他曾经非常信任的男人。

在走向停车场的时候，他给佩蒂·福兰克林打了一个电话，确定最后一张要打出去的牌。在得到了血迹鉴定的答案之后，他发动汽车，朝东第七大街开去。

莫里斯·诺曼曾经把自己的住址写在阿莱克斯的通讯本上，并且说随时欢迎他来访。当时那个男人漂亮的绿色眼睛里闪烁着令人着迷的光彩，让人无法拒绝，但是现在阿莱克斯却必须以一个警察的身份敲开他的门。

鸟鸣式的铃声响了很久，高大的莫里斯·诺曼穿着睡衣打开门，在看清外面的人以后他露出了惊讶的表情。

"阿莱克斯！"他笑着说，"你怎么来了？"

"我想和你谈谈。"黑发的警探平静地问，"可以让我进去吗？"

"当然，当然，请进。"莫里斯·诺曼侧过身体，做出欢迎的姿势。阿莱克斯敷衍地笑了笑，来到客厅里。

这个公寓布置得很雅致，也很干净，完全不像一个单身男人的住处，家具都是质朴的深棕色，窗台和桌子上有新鲜的黄色玫瑰花，墙上悬挂着几幅油画，一些CD和杂志放在沙发上，似乎阅读了一半，在阳台上有一架天文望远镜，高高地朝向天空。看得出这里的主人是个富有生活情趣的人。

阿莱克斯在屋子打量了一圈，坐下来，莫里斯·诺曼把手放在口袋里问道："感觉怎么样？"

"很不错，博士，你有一个舒适的家。"

"如果再有一个人和我分享就更棒了。"浅棕色头发的男人朝厨房歪了歪脑袋，"你要喝点儿什么？"

"不用了，我在路上喝了些牛奶。"阿莱克斯在沙发上坐下，看着莫里斯·诺曼，"你在休息吗，博士？"

"是的，你知道，我这段时间睡得太少了。"

"白天要上课，晚上还有代替我去陪伴丹尼尔，确实很累。"阿莱克斯皱起眉头，"但是，莫里斯，我不明白你为什么昨天不好好休息，却要跑到圣约翰教堂去呢？"

莫里斯顿时愣了一下："你在说什么啊？阿莱克斯，我昨天下课以后就到医院去看丹尼尔了，哪儿会有时间再去别的地方。"

阿莱克斯冷冷地看了他一眼："昨天下午五点三十分到六点之间，马修·奥立弗神父在他教堂的休息室里遭到了袭击，他说在昏迷前听到了你的声音。"

"那是不可能的，阿莱克斯，我当时在医院呢。"莫里斯·诺曼不以为然地说，"一个临近昏迷的人很可能听错。"

"是吗？不过 CSI 在现场找到了两个人的血迹，一个是神父的，一个已经确认了并非嫌疑犯的。如果你没有去过圣约翰教堂，就让我采集一些口腔上皮细胞吧，对比 DNA 会说明一切的。"

几乎在这瞬间，阿莱克斯看到莫里斯·诺曼的脸上呈现出一种恼怒的神色，但他立刻转过头去，没有说话。黑发的男人感到一阵失望，他从口袋里摸出棉签拿在手上，用硬邦邦的口气要求道："现在请你张开嘴。"

莫里斯·诺曼没有动，他的胸膛剧烈地起伏着，好像在控制情绪，等他再看向阿莱克斯的时候，已经平静得和往常一样了。"你去调查过我？"

他问道，"阿莱克斯，你不相信我，所以去了学校？"

"是的。可惜你也没有做出能让我信任的事情。"黑发的警探把棉签朝前递了一点，重复道，"张开嘴，博士。"

绿眼睛的男人深深吸了口气，苦笑道："不用了。"他解开睡衣，露出脖子：在脖子下方靠近锁骨的地方，赫然有一道新伤口。

阿莱克斯的手抖了一下，棉签掉在地上："真的是你……为什么你会出现在教堂？"

"我只是想去找马修·奥立弗神父说一些私人的事情——"

"够了，莫里斯！别再对我撒谎了！"黑发的男人突然大声打断了他的话，"你早就知道了那次爆炸对不对？你说你看了电视才担心我在爆炸中受伤，实际上你打电话的时间早在新闻播出之前！你了解将要发生的事情，对不对？你到底隐瞒了什么？"

"我能够隐瞒什么，阿莱克斯？在你让我成为协助专家的时候不是已经调查过我的档案了吗？警方可以查到关于我的一切。"

"是的，但不包括私人性质的心理治疗！"阿莱克斯看着惊愕的莫里斯·诺曼，慢慢地说，"博士，我在学校里遇见了汉斯·马丁医生……"

这个男人英俊的面孔第一次浮现出了震惊和狼狈，他在身旁的沙发上坐下来，垂着眼睛，声音沙哑地问："他告诉你什么了？"

"什么也没有，除了你的固定治疗和青少年时期的坏脾气。"阿莱克斯走到莫里斯·诺曼的面前，干涩地说，"为什么不告诉我真相？你到底在隐瞒什么，莫里斯？你究竟还藏着多少秘密？我甚至要怀疑……怀疑你接近我，是不是也带着别的目的！"

最后一句话让莫里斯·诺曼猛地抬起头来，他痛苦地躲开了阿莱克斯的视线："你已经怀疑我了吗，警官？我从来都没有说谎……"

"那就告诉我真相！我要你自己说出来，而不是我从别人的嘴巴里知道一切！莫里斯，你明白我可以那样做！我可以向检察官申请调看你的病历，我可以把你列为嫌疑对象！我什么都可以查出来！"

"为什么你不去做呢？"

"我要你自己告诉我，莫里斯！听着，莫里斯，告诉我你为什么会在教堂？你怎么会知道凶手的行动？我不相信你跟凶手有什么瓜葛！因为你救了神父，不是吗？你为什么不报警？还有，你究竟在治疗什么？你的过去发生了什么……这一切，我要你亲自告诉我！"

"为什么……"

阿莱克斯能从那双绿色的眸子中看到自己激动的面孔，却不能看到这个男人的灵魂，但是他身体的温度真切地从手掌一直传到心脏里。为什么，这还用回答吗？他忽然紧紧地抱住了面前的人——

"莫里斯……太可怕了……"他喃喃地在浅棕色头发的男人耳边说，"真是可怕，我把自己的秘密隐藏了二十几年，它就像一个怪兽，被孵化得越来越大，当我想要消灭它的时候，它已经把我的一切都吞噬了，我的家庭、我的生活。我知道这种感觉，莫里斯，你不要再这样下去了！别再骗我,也别再隐瞒……我不希望你痛苦,你应该知道这有多残忍……"

温热的大手过了好一会儿才试探着环住了他的身体,警探立刻更紧地抱住莫里斯·诺曼,就像要把他镶嵌到血肉里。

低沉悦耳的男声发出叹息,震动从两个人的胸膛传遍了四肢。"阿莱克斯……阿莱克斯……谢谢你。"这个男人松开他,微笑道,"来吧,我们坐下……我把所有的事情都告诉你。"

房间里有片刻的安静,他们面对面地坐在沙发上,谁也没有开口。莫里斯·诺曼神情恍惚地看着远处,好一会儿才回过神。阿莱克斯没有开口,只是安静而耐心地注视着他。莫里斯朝他歉意地一笑,问道:"还记得吗,警官,在我第一次陪你去医院见丹尼尔的时候,我们曾经坐在病房外的长椅上聊天。我当时告诉你:如果我有一个儿子,我也会像你爱丹尼尔一样爱他,或许比你的爱更加强烈。"

阿莱克斯稍微愣了一下,随即点点头:"是的,我有印象。"

莫里斯·诺曼从口袋里掏出香烟点燃,平静地说:"就像你知道的,我出生在明尼苏达州的圣克劳德市,我告诉过你我的父母已经去世了,实际上我从生下来就没有关于父亲的记忆。我的……母亲,她是当地一个小有名气的戏剧演员,她长着一头金发,相当有魅力,很多男人都喜欢她,可是她却从未结过婚。她告诉我,父亲抛弃了我们,一直这样说。开始我相信她,每个孩子都会相信母亲的话,对吗?"

阿莱克斯点点头,但一股不祥的预感让他心中充满了恐慌。

莫里斯·诺曼平静地讲了下去："大概从我七岁开始，我觉得有些事情不对劲了，妈妈老是让我去她的房间，让我穿她的衣服……包括内衣……她觉得我像父亲，那个抛弃她的人，或者说，她从未得到过的人。可是，谁知道我像不像呢？我连那个男人的照片都没见过。妈妈会看着我穿上女人的衣服以后大笑，说我和他一样都是没种的懦夫……真他妈的见鬼！"

阿莱克斯捂住了嘴巴，感到胃里非常难受。

"她的游戏随着我年龄的增大开始越界了，同样……我的脾气逐渐开始变得暴躁，喜欢血腥危险的游戏，并且常常和别人打架，甚至拿邻居的宠物出气，我甚至还私藏过小刀、匕首。但最可怕的事情是我13岁的那一年……那一年，母亲怀孕了……"

黑发的警官煞白了一张脸："我的天啊，莫里斯……"

莫里斯狠狠地把烟摁熄，笑道："当那个孩子诞生的时候，我就知道我这一生都没有办法爱上女人了！我恨她们！我碰着她们的皮肤都想吐！"

阿莱克斯抓住莫里斯·诺曼的手，他想起了在福寿楼吃饭的时候，这个男人坚定说从13岁开始他就知道自己是个同性恋——原来事实的真相是如此可怕！

莫里斯·诺曼看着面前的男人，把他的手用力握在掌心里，淡淡地笑着说："你永远不明白那是什么感觉，阿莱克斯……那时我才13岁，我简直要疯了！我每天晚上都躲在卧室外面看着婴儿床上的孩子，我好多次都想掐死他，可是一看到他的脸我又下不了手！他冲我哭、冲我笑……可我呢，我有时候会很高兴地给他喂牛奶，有时候看见他就想吐……我真的受不了了！但最后我还是喜欢上了他，你知道吧，当你看见丹尼尔的时候，你应该知道。一个属于自己的孩子，这件事情本身就是很神奇的，我只有别无选择地爱他。我给他取了名字，叫他詹姆斯……每次我母亲对我做了那种事，我都会在他身边叫着他的名字大哭一场。"

"为什么不去报警，莫里斯？"

"我曾经这样想过，甚至拨通过911……可是我害怕，从小就根深蒂固的恐惧在我的心底，就像拴住大象的绳子，而且……如果她知道了会对詹姆斯做什么？即便是警察救了我们，这个秘密曝光以后，别人会怎么看詹姆斯？他们会在他背后议论一辈子！为了他我可以忍耐，因为我上中学以后就决定，要考上大学离开这个地方，我会带着詹姆斯一起走！"

"你没做到吗？"

"我努力了……我不再去外面用拳头发泄了，把所有精力放在课本上。我拼命地学习，成绩出类拔萃，可是因为打架次数太多，很多大学都拒绝了我，直到……哥伦比亚大学把汉斯·马丁医生派来……我终于离开了那个'家'。"

"她没阻止你吗？"

"只是不成功罢了，而我也很小心没有把将来的计划泄露出来，甚至处处迁就她。她要我做什么我听从了，我以为只要再忍一忍就好。可我万万没想到的是，那天夜里，詹姆斯看见了……"

阿莱克斯能感觉到这个男人的身体微微发抖，他在忍受着巨大的痛苦。

"当时他已经六岁了，他是个聪明的孩子，非常聪明，他都明白……那个女人甚至想让他加入我们，可是我抱着他跑掉了！从那一天开始，他变得讨厌我，甚至疏远我。等我被大学录取的时候我想带他走，可是他拒绝了……"莫里斯·诺曼看着阿莱克斯，"你一定不知道我多么后悔，警官，如果我知道后来会发生那种事，我会不顾一切地带他走。"

黑发的男人迟疑了一下："你是说你的母亲也对他……"

"不、不，没有。"莫里斯·诺曼摇了摇头，"他身上带着近亲遗传导致的畸形，他是天阉，这对他来说是件幸运的事情——至少比我幸运。"

"那么后来发生了什么事？"

"我离开家以后，她用詹姆斯威胁我，要求我定时回去，我照做了。他一天天长大，也一天天更加恨我！我受不了这样的事情，渐渐地减少了回去的次数，甚至工作以后我再没有回去过，于是她带着詹姆斯来纽约找我。因为怕乘飞机，他们走的水路，可是……可是……船上发生了火灾……"莫里斯·诺曼狠狠地揪着自己的头发，"上帝啊，那年詹姆斯才16岁！那个女人死了我没出席葬礼，可是詹姆斯却连尸体都没找到……他们说他是失踪了，很可能死了！我真的不愿意相信，我的孩子就这么死了！"

黑发的男人担忧地看着他，他能够想象如果自己听到丹尼尔的死讯会是什么心情："后来呢，莫里斯，后来呢？"

绿眼睛的男人抬起头，苦笑道："后来？后来还是什么也没找到。我回了纽约，继续配合汉斯·马丁医生的治疗，我想忘记过去的一切，所有的一切。我做到了，你看到的我已经是一个脱胎换骨的我。还记得我的第一本书吗？"

"《割断头颅与占有爱情》。"

"是的，那是马丁医生鼓励我写的，因为能去研究莎乐美，意味着我不再逃避，我可以面对过去了。"

阿莱克斯皱起了眉头："我不明白，莫里斯。"

"啊，是的，你一定不知道，我母亲最出名的角色就是莎乐美。无论是在台上还是在生活里，她完美地扮演了那个女人，可悲的是莎乐美至少还能得到约翰的头，而她什么也没有留住。哦，或许我得算一个战利品。她入戏很深，甚至……甚至在床上都喜欢穿那身戏装。我和詹姆斯不止一次地听她发疯似的念台词。"

阿莱克斯吃惊地睁大了眼睛，忽然觉得背后出了一阵冷汗。他脑子里的迷雾似乎被这场突如其来的狂风吹开了一个角，露出了狰狞而又过分残酷的真相。他盯着莫里斯·诺曼，艰难地问："博士，莫非……凶手会是……"

"是的。"这个人冷静地点了点头，"你们要找的人就是詹姆斯。我不管他现在用什么名字，或者变成了什么模样。"

CHAPTER 19 沉重的「父亲」

所有的真相都伴随着一股血腥味儿倾泻在眼前，就好像是沉重的幕布被突然拉下，舞台上的一切都毫无保留地展现在完全没有准备的观众面前。

阿莱克斯觉得自己在做梦，或者是在看一出残酷的荒诞派戏剧。他是观众，也是一个最没有发言权的人，他无法参与莫里斯·诺曼的过去，对于那些噩梦更是无能为力。他发现自己做了一件很可恶的事情，就像是拿刀子把已经愈合的伤口重新剜开，又手足无措地看着它流血不止。

现在他和莫里斯，他们用最无法挽回的方式参与了对方的生活，却不能估计最后的结局。

阿莱克斯轻轻地问身边这个男人："你早就发现了凶手是詹姆斯，对不对？是在什么时候？"

"应该是我们第一次见面吧……"莫里斯·诺曼想了想，"还记得你当时给我看了一些现场的照片吗？"

"是的，我当时想要让你确认凶手的仪式手法是不是在模仿莎乐美。

我不明白你从哪里看出了端倪?"

莫里斯·诺曼找出一支笔和便笺,然后写了一行字。黑发的警探把纸拿过来,顿时浑身僵硬——

"我终于吻到你的唇了。"

和凶手相似到几乎无法辨别的笔迹出现在洁白的纸上,那种尖锐的笔画和利钩一样的转折即使是刻意模仿也很难如此相像。

绿眼睛的男人朝阿莱克斯笑着说:"是我教詹姆斯写字的。"

警探觉得胸口难受,他紧紧抓住那张纸,问道:"这么说你从一开始就明白是他在杀人,你一直都知道!"

"不,阿莱克斯。"诺曼博士悲伤地摇了摇头,"不是这样……自从那次火灾之后,詹姆斯失踪了,所有的人都说他死了,但是我不相信,我认为他还活着。你知道血缘的奇妙之处,你能感觉到亲人的存在,却不能做出任何科学的解释。我原本只是以为他活在某个我找不到的地方,但是当你拿着照片出现在我面前的时候,我看着这个笔迹,第一时间就想到了他。阿莱克斯,没有关系的两个人不会有这么相同的笔迹,何况还跟莎乐美的台词有关。"

"原来你积极地接触警方是这个原因。"

"没错。当时正好发生了药剂师被杀的案子,于是我就和你去了现场,亲眼看到了他留下的第二个笔迹。那个时候我心里更确定了一些,好像又有了希望,我想:这个人或许就是詹姆斯,我可以找到他了。"

"莫里斯，他杀了人啊……"

"是的，我也有过一阵惊恐，但是，警官，你得明白，当我知道詹姆斯还活着，并且跟自己在同一个城市里时，失而复得的惊喜和对犯罪的谴责比起来，肯定是前者更加强烈。"

阿莱克斯没有反驳，他知道这的确是人的正常感情，但是他的心却沉下去了："你后来接近我是为了获得更多的消息，对吗？"

莫里斯·诺曼的脸上露出了不安的表情，但是他没有回避这个问题。"我不想否认刚开始的确如此。我要比警方提前一步确定凶手是詹姆斯，然后找到他，这样可以阻止他杀人，也可以保护他，而唯一的途径就是接近你。但是，阿莱克斯——"浅棕色头发的男人忽然紧紧握住警探的手，"我很后悔那样做，因为我居然在这样的过程中发现你真的很有魅力。我说过喜欢你，这不是谎言。"

阿莱克斯自嘲地弯了弯嘴角，他墨蓝色的眼睛里有伤感和怨恨："不……莫里斯，你不必这样说，如果换作是我，可能也会那样选择。"

"可这些都是真话！"莫里斯提高了声音反问道，"否则我为什么要把一切都告诉你？"

两个人都沉默了一会儿，阿莱克斯看着身边的人，问道："好吧，莫里斯……你从什么时候意识到这个？"

博士微笑着想了想："或许是你给我说起丹尼尔的时候吧。那个时候我在心里说：这个男人远比他自己认为的更善良，他和我一样都是一个父亲。你所遇到的不公平让你变得脆弱又敏感，可是你还是在努力地适应生活，把愧疚和爱都藏起来，小心翼翼地保护你的孩子。阿莱克斯，你最不希望丹尼尔知道你的性取向，我理解这感觉，就如同我一直担心詹姆斯会知道我的秘密——虽然他还是知道了……可是你不同，警官，实际上除了你的前妻，你没有对不起任何人。"

黑发的男人不想回应，却没有挣脱博士的手。"好了，继续说吧，莫里斯。"他要求道，"接下来你找他了吗？"

"没有，阿莱克斯，但是他找到了我。"

"我不懂你的意思……"

"还记得我们去参加奥立弗神父的布道吗？当时我以为他会在其中，但是我错了。他并没有准时到教堂来，他迟到了，而那个时候我正在和神父辩论。他看到了我，也看到了你。"

阿莱克斯忽然想起了爱米丽·维森的话——

"……改变凶手想法的那个关键因素无法确定，也许是某个人，也许是某件事情，也许是他在观看报道时记者的措辞，甚至有可能是他做的一个梦……这个偶然性太大了。"

"阿莱克斯，你想想看，他送来断头的十字架时，接到的是你；然后送来CD……他指定的收件人是你。这让我怀疑他甚至有可能把具体的目标放在了你身上。"

黑发的男人顿时恍然大悟，他忽然意识到自己或许逃过了怎么样的危险："那天晚上给我送比萨的年轻人就是詹姆斯，对不对？"

莫里斯·诺曼为难地点了点头："我发现那个断头基督的十字架以后才明白他已经看见我们了，但是我没有想到他会去找你，我原本以为他会联系我。"

阿莱克斯想到前天晚上莫里斯·诺曼在三个人相遇那一刻的漠然反应，忍不住有些尖刻地讥讽道："想不到你的演技会那么好，博士，即使看见自己找了那么久的人忽然出现在面前，你依然能够保持冷静，装得跟什么事都没发生一样。"

"原谅我，警官。"绿眼睛的男人苦笑道，"我只是想保护他，我不能让你看出他有问题；但是我也想保护你，我不愿意你受到伤害，所以当时我只能装作若无其事地把你们俩分开。"

"你事后找过他吗？"

"当然，我跑遍了纽约大大小小的快餐店，可是你能够想象，要凭一件制服找到他谈何容易。我在网上查了很久，但就在我已经确认了'马里奥—佩德罗'快餐店的时候，你打电话给我，让我去帮你辨认他送来的CD。那个时候你们发现彼得·帕尔默的住址，我反而松了口气。"

"因为你知道詹姆斯不在那儿，对吗？"

"是的，他在快餐店打工，根本不可能有钱租那种地段的公寓。你不是查到过他的手机号码吗？我曾经偷偷地给他打电话，但是自从你们开始追踪那个号码之后，他就再没开过机。我只好去'马里奥—佩德罗'快餐店找他，他却在我没出门的时候突然打电话给我，说要再杀一个人，并且在上帝的面前动手；他还说要杀了你……阿莱克斯，我真的被吓坏了！"

"他怎么说的？"

"他说他恨我……也恨你。他已经安好了陷阱，要把你……炸成碎片！"

阿莱克斯顿时想到了自己经历的那次爆炸和手机上的十几个未接来电："所以你拼命打电话给我，是吗，莫里斯？"

男人点点头："我根本手足无措，脑子里一片混乱，只想着确认你是否安全。但是我冷静下来回忆他的话，发现他曾经说过他要在上帝的面前再杀一个人，我想或许他的陷阱设在圣约翰教堂，于是就赶过去，没想到……"

"没想到居然碰巧救了神父？"

莫里斯·诺曼沮丧地低下头，低声说："我打了他，阿莱克斯。当我看到他伤害神父的时候，我的愤怒和震惊都比不上失去你的恐惧！因为他既然要杀神父，那么给你设的陷阱一定在别的地方，我不知道你究竟发生了什么事情，真的害怕极了！在抢他的刀时，我的脖子受了伤，然后他跑了。我追出去，想让他告诉我你在哪儿、有没有出事。我情急之下根本没顾得上看神父的伤势。但詹姆斯还是逃走了，等我回到教堂的时候我听见有人正在报警，于是就悄悄地离开了。"

阿莱克斯有些遗憾地想，如果他走到休息室的门边，或者多停留一会儿，就会看到自己口吐鲜血地倒下去，那么他一定会留下来，这样追查工作会省很多中间环节。"然后呢？"阿莱克斯问道，"接下来你去了医院？"

"是的，我对波顿太太说我会接替她陪伴丹尼尔，所以她很放心地走了。我来到医院时你的小水手打了一会儿瞌睡，他根本不知道我是什么时候来的……然后我在医院看到了新闻，我猜测你是不是在爆炸中受伤了，直到你回了我的电话我才放下心来。"

原来如此……

阿莱克斯长长地吸了口气：现在前后的很多东西都逐渐联系起来了，整个案件已经浮出水面，可是警探却感到心里愈发沉重。他必须去逮捕凶手，但那对莫里斯·诺曼意味着什么呢？

他痛苦地闭上眼睛，想到作为父亲的莫里斯，想到自己的儿子，又想起了丹尼斯·肖恩，他也有一个孩子，一个女儿……还有爱德华·班特，他本来快要结婚了，他和妻子可以有很多孩子的……

阿莱克斯重新睁开眼睛，莫里斯·诺曼正注视着他，绿色的眼睛里没有泄露出紧张和恳求的意思——他似乎明白这对于阿莱克斯来说是无效的，他在等待这个男人行使警察的职责。

阿莱克斯放开了莫里斯·诺曼的手，站起来。他从上方看着男人那浓密的浅棕色头发，说："他从教堂里逃走以后应该看到了新闻，我没事，他也不会善罢甘休。我必须在他伤害别人之前抓到他。你得告诉我关于他的消息，博士。"

"如果我说我并不知道他的行踪,你相信吗?"

"我相信,但是我也相信他会再联系你的,告诉我他用的号码,我们会追查的。"

"我删除了。"莫里斯·诺曼摇摇头,"而且我能听出来,那是一个路边公共电话,你们找到了也没用。"

阿莱克斯眯起眼睛:"或许会有用,啊,不过这已经不重要了,警方会有办法。但我想知道,你是不是要继续包庇他……莫里斯,他杀了四个人,而且还会继续下去。"

"我不知道,阿莱克斯。我根本不知道该怎么办?"男人把脸转向窗外,他的双手紧紧握成了拳头,"告诉我,如果是你,你怎样才能做出正确的选择?"

室内的空气逐渐凝重起来,没有人再说话,两个男人的呼吸成了这里唯一的声音。也不知道过了多久,阿莱克斯的手机忽然响起来,刺耳的铃声让他们都不约而同地皱了皱眉毛。

黑发的警探转身按了通话键,掩饰自己尴尬的表情。

"阿莱克斯……我的上帝啊!"电话里传来了一个女人的啜泣。

"芬妮!"混血儿意外地问道,"怎么了?发生什么事了?"

"快来医院吧,阿莱克斯,求你了……丹尼尔他……他被人带走了!"

黑发警探的脸顿时变得煞白,他捏紧了手中的电话,只觉得四肢冰凉,心底顿时冒出了一个可怕的猜想。芬妮的哭声不断地从那头传过来,让他更加不安，他勉强安慰了前妻几句，保证自己马上赶到。

莫里斯·诺曼站在他身后，诧异地看着他可怕的脸色，问道："怎么了？"

阿莱克斯像木偶似的关上电话，然后转过头："……你的詹姆斯，带走了丹尼尔。"

老旧的福特车以非同寻常的速度驶过市区，然后停在医院的门口，两个男人神色慌乱地从上面跳下，快步跑向住院部，然后在一个儿童病房门前停下来。一些护士和病人都用诧异和不满的目光盯着他们，但他们完全没有理会，径直开门走进去。

芬妮·波顿正在房间里焦躁不安地来回走动，她神经质地绞着手指，好像在竭力忍住眼泪。旁边站着一个护士和一个医生，还有保安。他们都皱着眉头，却没办法安抚她。在看见阿莱克斯和莫里斯·诺曼以后，芬妮立刻扑过来抓住了他们的衣服。

这个母亲语无伦次地叫道："我的天，阿莱克斯……怎么办？怎么办？"

"冷静些，芬妮！"黑发的男人让她坐下，"你报警了吗？"

"还没有！我担心是绑架……而且，你不是警察吗？"

阿莱克斯没去理会这语气中淡淡的指责，又问道："你怎么发现丹尼尔不见的？"

慌乱的女人努力平静下来，回忆说："我打算今天下午接他出院，于是就去办理了出院手续，然后林肯医生——"那个留小胡子的男人朝他们点点头，"——他告诉我一些病后的护理知识，我们一边聊一边回到病房。我本来给丹尼尔换好了衣服，叫他待在病房里收拾他的小玩具，可是……可是我们进来却发现他不在这里。我以为他跑出去玩了，可是到处都没找到他，然后护士告诉我，他曾经在楼梯那儿跟一个男人说话……哦，天呐，怎么会发生这样的事？"

"那个男人长什么样儿？"

"大约五英尺十英寸左右。"黑人护士回答道，"他长得很普通，戴了顶鸭舌帽，穿着平常年轻人喜欢的紫色夹克。他跟孩子聊得很开心，我以为他们认识。"

"大约是什么时间？"

"一个小时前。"

芬妮·波顿擦了擦眼睛，从床上拿起一样东西递给阿莱克斯："你看这个！"

那是一只胖胖的泰迪熊，脑袋耷拉着，颈部被拉开了一条口子，露出里面白色的填充物。

阿莱克斯顿时感到心底掠过一阵寒意，他猛地抬头望着莫里斯·诺曼，后者的眼睛里充满了震惊和担忧！

"李探长。"身材魁梧的保安走过来对阿莱克斯说，"我们建议波顿太太报警，但是她坚持要先通知您——孩子的父亲。我们调看了医院的监控录像，那个男人已经在一个小时前带着孩子离开了，这是诱拐还是绑架我们无法界定，我觉得应该立刻通知警方。"

阿莱克斯点点头："是的……是的……"他掏出手机，勉强镇定了一下情绪，然后给老鲍勃打了个电话。肥胖的黑人在那头暴跳如雷，发誓要逮住"那个混蛋"好好收拾一顿，并且安慰阿莱克斯纽约的警察都会全力以赴。黑发的警探虚弱地说了声"谢谢"，请医生和护士照顾好芬妮·波顿，又对保安说："我得看看录像。"

"当然可以，探长。"

站在旁边的莫里斯·诺曼忽然急切地说道："阿莱克斯，也让我去吧。"

黑发的警探望着他，看到这个男人蓬乱的头发和皱巴巴的衣服——在阿莱克斯的印象里，衣冠楚楚的他似乎从未如此狼狈过，发红的眼睛里还流露出一种愧疚和焦虑混合起来的情绪。阿莱克斯想起了他在灯下和自己一起陪丹尼尔入睡的情景，心中不由得放软了一些。他正要点点头，又一阵电话铃声响起来，所有的人都愣了一下，很快就发现这声音是从莫里斯·诺曼的口袋里传出来的。

绿眼睛的男人连忙把电话放到耳边，但随即就露出古怪的神情。他慢慢地把电话递给了阿莱克斯：

"找你的……"

CHAPTER 20
「莎乐美」的谢幕

时报大楼位于时代广场,它的立面布满了各式各样的大型广告和霓虹灯,真正的面目已经被遮得严严实实,新年夜晚总有配合倒计时缓缓下降的金球,在那一刻它就成为了无数镜头的焦点。不过平常它也只是纽约无数座写字楼中的一员,繁忙而波澜不惊地度过每一天。

当阿莱克斯推开修理通道的门踏上楼顶,一股带着尘埃的风扑面而来。他听到了嘈杂的声音,那是机动车辆、行人、电视墙广告和流行音乐混合起来的声音,他看到周围林立的高楼和远处百老汇剧院区,还有近处闪烁不停的霓虹灯,却唯独没有发现自己想找的人。

他转身朝后面的莫里斯·诺曼问道:"他在哪儿?"

这个男人摇摇头:"他想见我们,又说了这个地方,那应该不会错。"

阿莱克斯咬着牙,想到了半个小时前的电话——

当莫里斯·诺曼神色古怪地把手机递给他时,黑发的警探就猜到了最糟糕的结果:詹姆斯会向他提出危险的要求,而事实证明他确实猜对了。

那不是阿莱克斯第一次听到他的声音,却感觉陌生而冰冷,就像一条湿冷的舌头舔过自己的心脏。

"您好，警官。"电话中的那个人用聊天一样的口气跟他说，"您的儿子，可爱的丹尼尔，他在我这里。"

"你想做什么，詹姆斯？"

"哦，莫里斯把我的名字告诉你了？"他笑起来，"那伪君子对你还真好。不过我想他总不至于把自己那肮脏的过去全部告诉你吧？"

"很遗憾，詹姆斯，我已经知道了。"

电话里忽然沉默了片刻，接着那个声音变得尖锐起来："好吧，警官，那你就和他一起来！来见见你的小水手，否则我就把他的头送给你。"

"等等！"阿莱克斯叫道，"让我听听他的声音。"

手机里传来了一阵杂音，然后丹尼尔抽泣着叫了声"爸爸"。阿莱克斯的心都抓紧，他放软了声音："嘿，小水手，是我。你怎么了？"

"詹姆斯不让我回家，爸爸……他本来和我说好了就出来一会儿的，我们买到漫画书就回去……"

"他伤害你了吗？"

"没有……但是我不喜欢他——"

"好了！"有人从丹尼尔手里夺走了电话，阿莱克斯听见儿子抗议的叫喊，他惊怒交加，然而那个人却笑着对他说："警官，现在您知道您的小水手还活生生的，对吧？但是如果您——啊，还有莫里斯——如果你们不在四十分钟内赶到时报大楼的话，我就不敢保证了。哦，记着，别带其他人来……"

阿莱克斯不会完全照他要求的那样做，因为从警察的职业角度来说他知道这个时候信任警方才是最好的选择，于是他打电话给爱米丽·维森，详细地说明了一切，把接下来的布置交给她和老鲍勃；但他同时也从一个父亲的角度决定，得先和莫里斯赶到时报大楼。

　　现在他们站在屋顶上，看到的只有钢铁的供暖管道和水箱，却没有发现凶手的影子。阿莱克斯的脸上明显透露出恐慌，莫里斯·诺曼拉住了他的手安慰道："先找找，阿莱克斯，他一定藏在这上面的某个地方。"

　　警探绷紧了肌肉，冷冷地说："希望他别做傻事，莫里斯，我不会给他机会伤害丹尼尔的。"

　　博士没有说话，只是跟他一起慢慢沿着管道在楼顶上寻找着詹姆斯的影子，过了几分钟，他们在一个铝合金广告板的旁边发现了那个人——他正靠着外墙低矮的护栏坐在地上，而丹尼尔被他揪住衣领拽在身边。

　　"嗨，警官！"他懒洋洋地朝黑发的男人抬了抬手，"很高兴见到你，你早到了十分钟。"这是阿莱克斯第二次见到詹姆斯，第一次他还叫做伯纳德·斯派克，对阿莱克斯来说只是一个普通的快餐店店员，而现在他却成了一颗危险的定时炸弹。

　　阿莱克斯用极为警惕的眼神打量他：这个男人穿着普通的夹克，戴着鸭舌帽，在日光下看不清脸，他手上没有任何武器，却戴着手套。

　　"爸爸！"丹尼尔惊喜地朝阿莱克斯挥动着小手，又厌恶地扭了扭身子，想摆脱后面的人。

阿莱克斯朝儿子露出鼓励的微笑，然后对绑架者说："我真佩服你居然能躲到这里来，詹姆斯。"

"哦，不过是在送比萨的时候偷过一个保安的通行卡。"詹姆斯笑着从夹克里掏出一个塑料卡片，满不在乎地扔到了楼下。

"你到底想怎么样？"阿莱克斯朝他走过去。

"站住，警官。"詹姆斯大声说，"别靠近我，否则我就把这小杂种丢下去。"

阿莱克斯竭力压制住胸中翻腾的怒气留在原地："别冲动，詹姆斯，你可以把你的要求说出来。"

"那就掏出你的枪丢在地上，警官，你身上有那玩意儿我不放心。丢远一点儿。"

阿莱克斯没有犹豫地照做了。

詹姆斯满意地点点头："好极了，警官。别担心，我只是想叫你们来聊聊，看看你这次怎么带着儿子死里逃生。我想你们很愿意配合我进行下一步的动作，是不是？"

莫里斯·诺曼皱着眉头上前一步，站到了阿莱克斯的身旁，带着一点保护的意味。

詹姆斯的目光逐渐移到了博士的身上，然后笑起来："莫里斯，看看你那个样子，就像条狗。"

莫里斯神色一暗，却摇摇头："你错了，詹姆斯，如果有人要伤害你，我也会陪在你身边。"

年轻人的身体动了一下，随即大叫道："你撒谎！你从来就没做到！要是你能保护我，我就不会变成这个样子！"他突然摘下了帽子，连同假发一起扔在地上，在他光秃秃的头顶上，那一大片肉红色的伤痕毫无遮掩地暴露了出来！它们纠集在发白的皮肤上，如同古怪的烙印，显得异常可怕，任何人都可以想象当时这些伤有多严重。

阿莱克斯和莫里斯愕然愣在原地，都被惊呆了，莫里斯喉头剧痛，什么都说不出来，只觉得眼眶里迅速湿润了，而阿莱克斯也不忍地移开了视线。

"这个……是轮船火灾留下的吗？"莫里斯·诺曼苦涩地说，"那次事故之后我找过你，可是没有你的消息。"

詹姆斯冷笑了一声："真可惜，我没有死，虽然受了严重的烧伤，我还是活下来了，有人救了我，把我带到了纽约。"

"是不是彼得·帕尔默？"阿莱克斯猜测道。

"彼得？"年轻人点点头，"是他，好心肠的彼得。他当时在密西西比河拍照，我落水以后他把我救了起来。"

"我不明白你怎么成了伯纳德·斯派克？"警官追问道，"帕尔默应该把你送到医院去。"

"你当然不明白！"詹姆斯恶狠狠地看着他，"你不知道我是多么渴望早点离开那个巫婆！那次事故给了我一个绝好的机会，从一上船我就在等待机会，大火中我偷了一个死人的身份证——那家伙和我有点像——就是伯纳德·斯派克，加上后来我脸上有烧伤，彼得根本就没怀疑。他长得很粗鲁，不过确实心很软。我告诉他我没有亲人，也不愿意让人看到我受伤的样子，他就相信了。"

"他把你带到了纽约？"

"是的。"

"那你为什么杀了他？"阿莱克斯不解地说，"你知道彼得·帕尔默爱上你了。"

"爱我？怎么可能？"年轻人摇摇头，"他不会爱我，没有人会爱我。彼得只是可怜我……他也可怜被偷猎者打伤的浣熊，可怜失去巢穴的沙鼠。"

莫里斯悲哀地看着他："不，詹姆斯，你错了，同情是没有办法让曾经生活放荡的他和你这样……这样性功能不健全的人一起五年的。他也可以在你伤势好转并找到工作以后就让你自力更生，不是吗？"

"那么他为什么还要对别人笑？为什么还要把我留在纽约自己到处跑？为什么还要对陌生人关怀备至？我对于他来说或许跟养的豚鼠差不多！"

阿莱克斯忽然想起了爱米丽·维森曾经说过，这个人的心理状况已经决定了他无法接受任何形式的爱。黑发警官看着伤痕累累的詹姆斯，觉得他有些可悲。

坐在地上的年轻人又叹了口气，似乎有些惋惜："原本我不想伤害他，彼得至少救过我。但是那天，我去扔掉丹尼斯的时候，被他看到了……"

"丹尼斯·肖恩？"阿莱克斯问道，"你杀了他？"

"没错！是他！他背叛我！"年轻人平常的面孔上透露出几分怨毒，

"他跟我做朋友的时候说他爱上我了,可是……他后来参加了那个什么该死的'坚贞者'协会,他跟我说他不能抛弃家庭和孩子!那么我呢?"

"所以你砍下了他的头。"

"还有彼得的。他曾经说过非洲某些部落的土著常常把自己的爱人吃下去,以便和自己融为一体,于是我就照做了。"詹姆斯咯咯地笑起来,"我买了很快的刀,要不要看看。"他从怀里抽出一把足有17英寸长的刀,一下子架在丹尼尔的脖子上。

阿莱克斯和莫里斯·诺曼惊呼了一声,不约而同地踏上一步,却又不敢动了。丹尼尔也吓得号啕大哭。詹姆斯大笑起来:"别害怕,先生们,我只是开个玩笑。"

阿莱克斯的心脏狂跳,神经绷得紧紧的,他觉得自己真的快受不了了!莫里斯拉住他,朝后面退了一些,连忙转移话题:"好了,我明白了,詹姆斯。你是从他那里得到的十字架,进入了坚贞者协会,是吗?"

年轻人哼了一声:"我不过想去看看到底是什么样的人能够让丹尼斯离开我,没想到那里有很多好男人,让我非常感兴趣。"

阿莱克斯厌恶他说话的腔调,却不想再刺激他,只是淡淡地问道:"你从里面挑选出了爱德华·班特和克里斯·里切路卡雷?"

"他们都很容易约出来,一个只需要打电话,另外一个我跟他预约说是去检查水管。他们都是活该,我告诉过他们,如果爱我就可以避免一死,可他们都说我疯了。"

你确实是疯了！阿莱克斯在心底大叫，把那该死的刀拿远点儿！

詹姆斯好像是对孩子的哭声厌烦了，他把刀放下了，摇了摇丹尼尔："好了，小家伙，当着一个警察爸爸的面哇哇大哭，这太丢人了。"

阿莱克斯心疼地看着儿子，小水手倔强地抹了抹眼泪，涨红脸憋住哭声。他克制着怒气，寻找着让凶手放松些的问题："你作案的时候为什么没有留下指纹和脚印？我们在现场没有找到你身上任何的衣物纤维。"

年轻人得意地笑了笑，他脱下手套，露出手掌和胳膊，那上面也有伤痕，手腕上还缠着纱布："没有留下指纹是因为我手上的旧伤得缠着绷带，至于脚印，警官，你知道有一种家庭主妇用的拖鞋吗？它的鞋底是一层柔软耐磨的布料，可以方便她们走动的时候打扫地板，我不过是在电视购物里看到，所以对自己的鞋加工了一下。在我走出他们的房间时，我只需要把鞋底那层布料撕下来带走就可以了。哦，对了，我还可以告诉你，每次赴约我都会准备一套干净的连身工作装和一张大大的塑料布，完事以后我会站在塑料布上面把工作装穿上，这样就没有人会从我身上看到血迹，现场也没有落下的布料纤维。然后我把塑料布也收起来，再用鞋底把它的痕迹擦去，一切就很完美了。"

阿莱克斯顿时明白了在教堂的休息室里，为什么博士的脚印会有被擦掉的痕迹，但警探不打算告诉詹姆斯最后他还是留下了手腕上的纱布纤维。阿莱克斯承认，尽管如此，这个年轻人还是像莫里斯·诺曼说的那样，非常聪明。

"你为什么会想到这些？"他纳闷地问道。

"实际上我很喜欢看《C·S·I》。"年轻人大笑起来。

莫里斯一点也不觉得这很幽默，他放开混血警探的手，看了看哽咽的小男孩儿，对那个得意洋洋的人说："詹姆斯，你后来要杀阿莱克斯，是不是因为我？"

年轻人的笑声戛然而止，脸上立刻像笼罩上了一层阴云，刚才的轻松被一种阴森的表情取代了，他脸部肌肉抽搐着，加上头上的伤痕，显得异常恐怖。那是一种刻骨的仇恨和嫉妒，就像地狱里的魔鬼附在他身上。

"当然是因为你，莫里斯！"他细声细气地说，"我那天在教堂门口就看见你们俩了，我知道你喜欢这个人！你对他说话的神态、动作，还有你的演讲，都让我明白你非常喜欢他！真是见鬼，一个恶心的人居然还这么理直气壮地恋爱……你为什么就像没有受过影响似的？难道因为那个巫婆而痛苦的人只有我吗？"

阿莱克斯看见绿眼睛的男人脸上瞬间失去了血色，就好像一个出现裂缝的瓷器。他忽然很想冲上去给这个家伙一巴掌！"你是在嫉妒吗，詹姆斯？"他尖刻地对他说，"你嫉妒你的……哥哥？"

"没错！我就是嫉妒他！"年轻人猛地跳起来，从牙缝里吐出几句话，"他假惺惺地跑来跟我示好，但是那巫婆打我的时候他却没有一次出现过！他把我丢在明尼苏达州，自己跑到了纽约，还给我寄礼物来炫耀！他说他关心我，撒谎！没有一个人爱我，他却是大家的宠儿！连妈妈都从来没抱过我一下，从来没有！"

莫里斯·诺曼的手在发抖，就像是被人捅了几刀似的，连反驳的力气都没有了，他宽阔的肩膀垂了下来，用手捂住了眼睛。"你那么恨我？"莫里斯用低沉的声音问道，"恨不得用这样的罪……杀人的罪……来让我痛苦？"

詹姆斯愉快地笑了："对！不过遗憾的是你的小警察确实很幸运。那个巫婆不是曾经告诉过我们吗？只有跟莎乐美一样，把爱和死亡联系在一起，精神和肉体的快乐才会走向极致！我只想要一个爱人，如果我没有，你也得不到！我可以不断地寻找约翰们，追逐他们的过程本身就可以获得快感，而你不行，对吗，哥哥？"

"够了！别说了！"阿莱克斯打断了年轻人的话，他忍无可忍地叫起来："你……真是混蛋！你根本不知道真相，莫里斯他——"

"阿莱克斯！"绿眼睛的男人摇了摇头，他用恳求的神情看着警探，"让我来说吧……"

阿莱克斯一怔，忽然有些惭愧，他从莫里斯·诺曼的神色中发现了更坚强的东西，他想起这个男人曾经熬过了多么艰难的童年，又多么勇敢地走出可怕的梦魇。自己确实把他想得太脆弱了……黑发的警探闭上了嘴，让他走上前去，径直面对着詹姆斯。

"谢谢。"莫里斯·诺曼向阿莱克斯微笑着说，然后又看向年轻人。

"你确实不知道真相，詹姆斯。"他平静地问，"你认为'莎乐美'是什么？"

顶着伤疤的绑架者意外地愣了一下，没有回答。

"死亡、性、爱情、信仰？"莫里斯·诺曼摇摇头，"也许在你看来她就像妈妈说的一样，不择手段地去获得爱，只要占有就可以了！极度的渴望是必须得到满足的，只要得到就好，什么都不用去管！莎乐美是一个疯狂寻找爱的女人，为此她不惜犯罪，对吗？妈妈教你的，她这样理解她的角色，所以你也这样认为了？詹姆斯，不要再去想她念的台词了，在这个古老的故事中，真正有罪的是谁？是谁让莎乐美去向希律讨要爱人的头颅？"

年轻人有些困惑地看着他，似乎根本没有明白他的意思。

"詹姆斯，你所做的一切，是因为寻找爱，还是因为觉得自己从未得到而干脆放弃希望，报复所有的一切？我知道，你明白这样的方式是有罪的，但你宁愿这样做下去！可是，詹姆斯，谁让莎乐美犯罪？"莫里斯·诺曼清晰地告诉他，"詹姆斯，是希罗底让她的孩子去拿约翰的头，是她的母亲。我们的一生……都毁在她手上。"

年轻人用古怪的眼神看着他："你在说什么，莫里斯？"

"还不明白吗，母亲她刻薄地对待你，漠视你，而对我……"莫里斯困难地顿了一下，"你觉得当年才十来岁的我会很高兴遇到那些事？"

詹姆斯皱起了眉头："你想告诉我那老巫婆强迫你？为什么你不逃走、不报警？"

"因为她用你来威胁我。"

"我?"年轻人轻蔑地笑起来,似乎觉得荒谬,"怎么可能?"

"詹姆斯,你有没有去看过医生,关于你先天缺陷的问题……如果你去了,他可能会告诉你,那是近亲混血造成的畸形之一。"

浑浊的风吹过他们的脸,似乎有些冰凉的东西沾在了皮肤上,天上的云层更厚了,低得仿佛要压向地面。楼顶上的人几乎同时抬起头,然后发现雨水夹着白色的雪花飘了下来。

"下雪了?"丹尼尔惊讶地止住了哭泣。

阿莱克斯看着詹姆斯,发现他脸上的凶悍已经完全褪去了,却不是震惊,而是在一刹那间有些茫然。他晃了晃脑袋,似乎想搞清楚这一切究竟是怎么回事。

这个时候一些细微的声音传了过来,好像是直升机,阿莱克斯看了看周围,发现附近的大厦上有黑色的人影在移动,不一会儿身后也传来了脚步声——警方已经在不知不觉中包围了这个地方。阿莱克斯没有回头,因为詹姆斯的眼神重新变得锐利起来了。

"啊,看来您还是报警了啊,探长。"年轻人突然又把丹尼尔拉进自己的怀里,剃刀也架在了孩子的脖子上,"我知道,您作为警察,是有职业习惯的。"

"冷静点,詹姆斯!"绿眼睛的男人叫起来。

"你不是想杀我吗?"黑发的警探对他说,"把孩子放了,我过去!"

"阿莱克斯!"莫里斯想拦住他,"别这样,让我去吧,别做傻事!"

"那是我的孩子，博士！"阿莱克斯一步一步地走过去，最后在他扔下的手枪旁停了下来。

身后的警察们逐渐靠近了他们，为首的是爱米丽·维森，她高举着枪叫道："放下孩子，立刻！"干练的女FBI又对阿莱克斯和莫里斯·诺曼说，"快过来，先生们，别冲动！"

詹姆斯的嘴角忽然露出一丝微笑，他没有理会女探员的话，却用诡异的眼神来回打量着面前的两个男人。"不用这么伟大，探长，还有莫里斯，"他慢慢地蹲了下来，抚摸着丹尼尔的脖子，"我想，杀了你们任何一个都不如对伤害这个小家伙来得有效，我开始嫉妒你们两个了——你们都有可以付出牺牲的对象吧！可是我没有，我一个也没有！"

他退到了护栏的边缘，高高地举起刀，几乎是在一瞬间，莫里斯·诺曼惨叫起来，而同时发出的还有一声枪响。

时间仿佛静止了，然后詹姆斯手中的刀落到了地上。丹尼尔愣了一下，吓得跪在地上，爆发出尖锐的惊叫，而他身后的那个男人脸上带着诡异的笑容，倾斜的身子向护栏外倒去。

莫里斯·诺曼恐惧起来，他不顾一切地冲过去，伸出了手。但是只差了一秒，詹姆斯已经和飘落的雪花一起落到了楼下。

阿莱克斯闭上眼睛，不去看莫里斯的表情。他扔下了在关键时刻抓到手里的枪，飞快地跑过去，把从死亡边缘夺回来的儿子紧紧抱在怀里……

CHAPTER 21
尾声

尾声

雪越下越大了,阿莱克斯站在窗户后面看着银白色的世界,又随手翻了翻挂历——今天是平安夜,而他却没地方可去。混血儿叹了口气,还没有忘记在纽约下今年第一场雪时发生的那一切。

他和儿子计划的圣诞假期又泡汤了,虽然丹尼尔完全不理解在时报顶楼大人们谈了些什么,但是经过这么危险的事情之后,他肯定需要一段时间的心理康复指导。然而让阿莱克斯没想到的是,在把孩子抱给护士以后,一贯固执的前妻却转过头对他笑了笑,并且有些腼腆地说,他以后可以随时去看儿子。

阿莱克斯勉强露出了微笑,把这当作额外的礼物。

但是从那天开始他就没再见到莫里斯·诺曼,他忙着和比利整理这个案件,但在他写完结案报告以后,这个男人也还是没和他见面。他记得自己把报告和对比利·怀特的评价交给老鲍勃时,爱米丽·维森也打算回FBI那边做详尽的汇报。

她走进阿莱克斯的办公室时手里拿着两瓶啤酒。

"我知道在工作的时候不能饮酒,不过我快要走了,而且——"她抬起手腕看了看表,"现在还有五分钟下班。"

阿莱克斯笑了笑,赶紧把自己的办公桌收拾了一下,挪出一小块地方。

"谢谢。"她笑着坐在阿莱克斯的对面,"我想我过来你有点不自在,对吧?我追过你,帅哥,可你的反应让我很挫败,过去是这样,现在这感觉虽然减轻了,但多少还有。"

阿莱克斯灌下一口啤酒:"也许我告诉你我不喜欢女人,你的挫败会减轻许多吧?"

爱米丽的表情凝滞了片刻,随即露出苦笑:"为什么现在要说出来呢?其实你一直没有说过,即使现在不告诉我也没有关系。"

阿莱克斯笑了笑:"其实说出这句话并没有我想象的那么困难,而且我觉得,什么事情都比不上诚实地面对自己来得重要。"

"说得很好,也很可贵。"爱米丽向他举起瓶子,他们俩轻轻碰了一下。

"事实上,我有个建议,阿莱克斯。"女探员趴在桌上,对他说,"我觉得你可以申请加入 FBI。"

阿莱克斯耸耸肩:"谢谢你的赏识,爱米丽,但我在警察局干了十年了,我很习惯这个职位。"

"这次的案子你觉得怎么样?我是指在你的警察经历中它的难度或者

其他什么方面。"

阿莱克斯仰起头想了一会儿："从没有经历过……如果我能活到可以写回忆录的年纪的话，它一定是我写的第一件案子。"

"在去年的时候，在巴尔迪摩发现了一具尸体，没有四肢，被放在一个防水口袋里。法医在检查的时候发现一件事：他的四肢被切除的时间在一年以上。他就以那个模样活了一年，直到最后被吊死。当然他不会是第一个，很快警察又找到了第二个受害者，死亡方式完全相同，截去四肢，吊死；紧接着是第三个……我们接管这案子，一个月后再没有发现受害者，但同时也没有新线索，现在这个案子的调查还处于停滞状态。"女探员停顿了一下，"现在能找到的最直接暗示，就是每具尸体背后的文身，克里斯蒂娜·罗赛蒂的《歌》。"

阿莱克斯没有说话。

"今年年初哈特福德警察局向我们求助，说是在那里发生了好几起儿童诱拐案件。我们前往协助的时候，才发现那不是诱拐……孩子们都被杀了，就藏尸在自己家的隐秘角落，但所有的尸体都经过防腐处理。这又牵扯到三年前在密尔沃基发生过的儿童诱拐案，那些孩子是被埋在自己家的后院。"

"同样调查停滞？"

"没有新的证据，而 FBI 的人手一直很紧张。除了这些跨州的恶性案件，还有医疗欺诈之类的白领犯罪，反恐工作……我们需要有能力有经验的人。"爱米丽向前倾过身体，"**FBI**比地方警察局有更大的权限和更广的调查范围，你在纽约帮助别人，这很好，但是你的能力可以解决更复杂的案子，为什么不好好地运用它呢？"

"我懂你的意思，爱米丽。但这不是简单的决定，你知道。"

女探员拿过他桌上的铅笔和纸："你如果考虑了我的建议，可以打这个电话。"

"谢谢。"阿莱克斯接过来，认真地看留一下，折叠放进口袋。"我会考虑的，我保证。"他甚至拍了拍口袋。

"希望不是客套。"女探员喝完了剩下的啤酒，忽然起身吻了一下他的脸颊，走出了办公室。

阿莱克斯有些意外，但并不觉得被冒犯，他慢慢品尝自己瓶子里剩下的酒，又摸出那张纸条看了看……

又一个清晨来临，太阳出来了，白雪被染成淡淡的金红色，阿莱克斯有些懦弱地发现自己几乎不敢再给莫里斯·诺曼打电话，如果仍然是忙音或者无人接听，他都会认为自己和那个男人已经没有交集了。

他走回客厅，把刚刚买回来的广东粥放进微波炉。这个时候门铃响了，他丢下手里的事情，打开了门——

"你好，阿莱克斯。"莫里斯·诺曼在外边笑着问候道。

黑发的警探完全愣住了，他呆在原地，有些不知所措。这个男人就如同他们第一次见面时那样微笑，温和而亲切，除了略微有些憔悴，几乎没有什么变化。

阿莱克斯慌乱地擦擦手，涨红了脸："莫里斯，你好……啊，请进来吧。"

"哦，不，我只是……只是跟你说几句话。"博士连忙摆摆手。

阿莱克斯的心沉下去了，但他点了点头。

绿眼睛的男人好像很高兴他能同意，稍微松了一口气："抱歉，阿莱克斯，这段时间我想了很多，关于詹姆斯，还有我们。我觉得我可能太自私了，一直以来都认为自己做的是正确的，而对别人来说正确的不一定是最好的，甚至……伤害更多的人……我所谓的爱，关注的只是自己的感情，而对于其他人，我太自以为是了。詹姆斯……他的罪我也得承担一部分，而且这辈子都不能摆脱。我想这是他对我的惩罚，我必须接受。"

阿莱克斯张了张嘴，却不知道怎么劝他。

"警官，我不知道我该怎么面对你，我想你或许不愿意再看见我了。"莫里斯·诺曼低下头，"但我还是得跟你说声谢谢。爱米丽·维森探员告诉我，实际上詹姆斯身上中了两枪，一枪在右手，一枪在头部，只不过两枪是同时响的。致命的那一枪是狙击手开的，而依你的枪法，在五码远的地方不可能只打中他的手。"

黑发的男人说了声"对不起"。

"不，你不用这样。我当时确实忘记了你的心情，我担心詹姆斯确实超过了担心丹尼尔。阿莱克斯，你知道，即使孩子犯多大的罪，作为父亲依然不可能漠视他。如果将来丹尼尔做了什么不可原谅的事情，你会眼睁睁地看着他……"莫里斯·诺曼咽下了后面的话，"抱歉，我没有别的意思。"

"我明白，博士。"

莫里斯·诺曼感激地笑了笑，又犹豫着说："阿莱克斯，如果你觉得我还值得你相信的话，今天晚上可以去中央公园吗？我会在溜冰场旁边的圣诞树下等你。"

阿莱克斯还没来得及回答，这个男人又慌忙制止了他："哦，你不用马上告诉我决定，我会等你的，12点以前我都在那里。再见……"

他匆匆地转过头进了电梯。

阿莱克斯把门关上，有几分钟都不知道自己在干什么。然后他开始翻找外出的衣服，在选择的过程中又突然停了下来。这个男人在脑子里回忆着莫里斯·诺曼刚才说的话，踟蹰了几分钟，他鼓起勇气拨通了新泽西州的某个电话。

"你好，妈妈，我是阿莱克斯……圣诞快乐……能告诉爸爸吗……今年我想回来过春节……"

每本书都是一次不可复制的旅程
——《七重纱舞》后记

去查了一下文档，发现本文第一章的最后修改时间是 2006 年 3 月 26 日，而距离它在大陆面市已经过去了八年。

起因是"想写"一本罪案小说，并非设计诡计的推理，也非狭义上的悬疑，而是罪案。大概是那段时间美剧看多了吧，无知者无畏，立刻开始动笔。

真正落笔后才发现，原来要知道的东西太多了，比如纽约市，比如美国警察调查的流程，比如尸检和化验，线索的层层推进……越写越胆怯，也就越发积极地去查找资料，然后不断从相关专业的朋友那里询问到一些细节，来逐渐完善这个故事。

因为写这个故事，我基本上是抱着地图和好几本旅游指导去"看"纽约，图片、地图、特写。然后尽量去搜集关于这个城市的材料，游记呀，小说呀，电影呀……想象自己去走一走这个城市。因为不知道，所以尽量去了解。这样写作的过程就成了一次很新奇的旅程，能够去学习自己陌生的东西。在写作中，体会到世界有多大。

而这趟旅程一旦结束，很多东西就留下来了，可能记得住，也有些会忘记。总之因为故事的唯一性，就很难再有完全一样的过程。

总有人觉得我白天工作，晚上还要抽时间来写作，很辛苦。但只要是写作的人其实都知道，只要喜欢写，怎么都不累，为了一部作品而跋涉的过程，反而是种享受。虽然中途有些折磨，但写完以后特别爽。

所以，晚上写作对我来说，就像偷偷地在晚上拥有自己的旅行，这实在是很棒的一件事呢。

我是一个喜欢写故事的人，最大的心愿就是能够在不同的时代背景中用不同的风格来讲故事。这就意味着，我可以给自己很多很多次旅程，每一次都有不同的风景，每一次都不可复制。

而我希望阅读我故事的读者，能够分享我的旅程，也许我呈现的和我原本经历的不太相同，但总归是我努力还原的结果。

目前可以透露的是，虽然结束了这趟纽约的犯罪冒险已经很久了，但是在某个朋友的不断鼓动下，我决定与阿莱克斯同学一起再一次上路，这次希望走得更远。虽然我的脚程很慢，又很花心，中途总是要跑到别的路上去，但是我总会走到终点，看到想要看的风景。

但愿每一位阅读的朋友，都可以体会到我最大的诚意。

E伯爵

于2014年春

图书在版编目(CIP)数据

七重纱舞/E伯爵著.—上海:上海人民出版社,
2014
ISBN 978-7-208-12234-5

Ⅰ.①七… Ⅱ.①E… Ⅲ.①侦探小说-中国-当代
Ⅳ.①I247.5

中国版本图书馆 CIP 数据核字(2014)第 077611 号

出 品 人　邵　敏
责任编辑　卢　茗　施玉环
装帧设计　第 7 印象

七重纱舞
E伯爵 著

出　　版　世纪出版集团 上海人民出版社
　　　　　(200001 上海福建中路 193 号 www.shsjwr.com)
出　　品　世纪出版股份有限公司　上海世纪文睿文化传播分公司
发　　行　中国图书进出口上海公司
字　　数　211,000
ISBN　978-7-208-12234-5/I·1246

www.ingramcontent.com/pod-product-compliance
Lightning Source LLC
Chambersburg PA
CBHW050857160426
43194CB00011B/2188